TROUBLE DE LA PERSONNALITÉ BORDERLINE

effet, suggestions et solution

Jean Martin

Table des matières

INTRODUCTION AU TROUBLE DE LA PERSONNALITÉ BORDERLINE

Le trouble de la personnalité borderline (BPD) est un trouble de l'état d'esprit et de la façon dont un individu communique avec les autres. Il s'agit du trouble de la personnalité le plus généralement perçu et a été reconnu comme une découverte officielle en 1980.

Les premières versions du DSM, avant le cadre de diagnostic multiaxial, regroupaient la grande majorité des personnes ayant des problèmes de bien-être émotionnel en deux classes, les psychotiques et les personnes déprimées. Les cliniciens ont remarqué une classe spécifique de personnes déprimées qui, en cas d'urgence, semblaient chevaucher la frontière de la psychose. Le terme "problème de personnalité limite" a été créé dans la psychiatrie américaine au cours des années 1960. Il est devenu le terme privilégié par rapport à diverses appellations concurrentes, par exemple "trouble du caractère instable", dans les années 1970. Le trouble de la personnalité limite a été retenu pour le DSM-III (1980), bien qu'il ne soit pas perçu comme une analyse substantielle.

Le trouble de la personnalité borderline est le trouble de la personnalité le plus largement reconnu en milieu clinique. Il est présent chez 10 % des personnes trouvées dans les centres de bien-être psychologique ambulatoires, 15 à 20 % des patients hospitalisés en psychiatrie et 30 à 60 % des populations cliniques présentant un problème de personnalité. Il se produit chez 2% de la population. Le trouble de la personnalité borderline est analysé majoritairement chez les femmes, avec une proportion attendue d'orientation sexuelle de 3:1. Ce trouble est présent dans toutes les sociétés du monde. Il est environ plusieurs fois plus fréquent chez les membres de la famille naturelle au premier degré des personnes atteintes du trouble que chez les autres. Il existe également un risque familial plus important de troubles liés à la toxicomanie, de troubles de la personnalité antisociale et de troubles de l'humeur.

Les individus ont des points de vue différents sur le BPD/EUPD, et cette conclusion tend à être contestable. Pourtant, quelle que soit la façon dont vous comprenez vos rencontres, et quels que soient les termes que vous aimez utiliser (en supposant qu'il y en ait), la chose importante à retenir est que les sentiments et les pratiques liés au BPD/EUPD sont extrêmement difficiles à vivre, et méritent d'être compris et soutenus.

Dans l'ensemble, une personne souffrant d'un trouble de la personnalité sera fondamentalement différente d'un individu normal en ce qui concerne la façon dont la personne en question pense, voit, ressent ou s'identifie aux autres, car elle est liée à des rythmes élevés de conduite inutile (par exemple, des tentatives de suicide) et de suicide terminé. L'élément de base du problème de la personnalité borderline est un exemple inévitable d'insécurité des liens relationnels, des influences et de la vision mentale de soi, tout comme l'impulsivité vérifiée. Ces attributs commencent au début de l'âge adulte et sont disponibles dans un assortiment de contextes.

L'article clarifie ce qu'est le trouble de la personnalité borderline (TPL), également appelé trouble de la personnalité dépressive (TPD), ses causes potentielles, ses effets secondaires, son traitement, des conseils pour s'aider soi-même et des conseils pour les amis et la famille.

QU'EST-CE QUE LE TROUBLE DE LA PERSONNALITÉ BORDERLINE ?

Le Manuel diagnostique et statistique des troubles mentaux [DSM-IV] enregistre le trouble de la personnalité limite comme une conclusion mentale et le caractérise comme une influence déstabilisante prolongée du travail de la personnalité. Adolph Stern a utilisé ce terme en 1938 pour décrire ce trouble, qui se situe à la frontière entre la névrose et la psychose.

Il s'agit d'un véritable problème psychique qui fait que les personnes touchées nourrissent une peur paralysante d'être abandonnées par un ami ou un membre de la famille. La personne affectée fait preuve d'un état d'esprit d'attaque qui l'amène à manifester une gamme de sentiments déconcertante, allant de la glorification, comme l'adoration et l'amour extraordinaires, à la dépréciation, par exemple, une sérieuse contrariété et une aversion à l'intérieur d'une capacité limitée de concentration du temps. Un tel individu manifeste des accès de férocité qui le conduisent à maltraiter les autres verbalement et physiquement. Elle accorde de l'importance à de petits problèmes et personnalise les problèmes qui deviennent si incroyablement sensibles qu'elle ne peut plus entretenir de relations familiales ou professionnelles.

Le trouble de la personnalité limite (TPL) est un état caractérisé par des difficultés à gérer les sentiments. Les sentiments peuvent être imprévisibles et passer brusquement, notamment d'un romantisme enthousiaste à une contrariété dédaigneuse. Cela signifie que les personnes atteintes du trouble borderline ressentent des sentiments de manière forte et prolongée, et qu'il leur est plus difficile de revenir à une norme stable après une occasion d'activation sincère.

La précarité de l'état d'esprit dans le trouble de la personnalité borderline entraîne une conduite instable, une mauvaise image mentale de soi et un caractère déformé, ce qui conduit à une séparation sociale. Le degré d'insatisfaction peut être élevé au point de provoquer des automutilations de différents types, des suicides tentés et parfois des suicides réussis. L'extraordinaire sentiment de faiblesse fait qu'ils ont besoin d'amour et les pousse à l'indiscrimination sexuelle et à l'abus de substances. Le taux de séparation est élevé pour les rares personnes qui se sont mariées et qui n'ont pas cherché d'aide compétente en raison de leur incapacité permanente à gérer leurs sentiments.

Aux États-Unis, environ 2 % des adultes, généralement des femmes [75 %], en subissent les effets néfastes et ce trouble est à l'origine de 20 % des affirmations mentales dans les cliniques d'urgence. Des recherches récentes suggèrent que les hommes pourraient être influencés de la même manière par le TPL, mais sont régulièrement diagnostiqués à tort comme souffrant de SSPT ou de découragement. Les raisons du trouble de la personnalité limite, comme de nombreuses autres infirmités, ont été attribuées à des variables naturelles et héréditaires. Quoi qu'il en soit, les facteurs d'inclinaison sont des antécédents marqués par la division des grandes personnes tout au long de la vie quotidienne, des antécédents de maltraitance physique et psychologique, 40 à 71% rapportent un passé rempli de maltraitance sexuelle par une figure non parentale. Les découvertes de l'exploration en cours ont permis de relier le trouble de la personnalité borderline à une déficience des circuits neuronaux qui modulent les émotions.

L'amygdale, une partie du cerveau, fait partie de ce circuit neuronal. La maladie peut commencer à se manifester à l'âge pré-adulte ou à l'âge adulte. Les déclencheurs de l'accélération de ce problème comprennent des accidents horribles, comme des actes de violence de différents types, des agressions, l'abus d'alcool et de drogues, qui peuvent provoquer l'impulsivité, une mauvaise image de soi, des connexions orageuses et des réactions enthousiastes extrêmes aux facteurs de stress. La lutte contre l'autodiscipline peut également entraîner des pratiques dangereuses, par exemple l'automutilation.

Les personnes atteintes de BPD sont en général très délicates. Certains décrivent cela comme le fait d'avoir un nerf à fleur de peau. De petites choses peuvent déclencher des réactions extraordinaires. De plus, lorsque vous êtes perturbé, vous avez du mal à vous calmer. Il est évident que cette imprévisibilité passionnelle et cette incapacité à se soulager soi-même entraînent des troubles relationnels et des comportements imprudents, voire stupides. Lorsque vous êtes en proie à des sentiments envahissants, vous n'arrivez pas à réfléchir correctement ou à garder les pieds sur terre. Vous pouvez exprimer des choses terribles ou agir de manière risquée ou incorrecte, ce qui vous rendra responsable ou embarrassé quelque temps plus tard. C'est un cycle atroce dont il peut être difficile de sortir. Cependant, ce n'est certainement pas le cas. Il existe des médicaments BPD puissants et des aptitudes d'adaptation qui peuvent vous aider à vous sentir bien et à reprendre en main vos considérations, vos sentiments et vos activités.

Le trouble de la personnalité borderline (BPD), également appelé trouble de la personnalité émotionnellement instable (EUPD), est une inadaptation psychologique décrite par des schémas à long terme de relations instables, un sentiment d'identité déformé et des réponses enthousiastes fortes. Il y a régulièrement de l'auto-mutilation et différentes conduites périlleuses. Les personnes influencées peuvent également lutter contre un sentiment de vacuité, la peur de l'abandon et la séparation du monde réel. Les manifestations peuvent être activées par des occasions considérées comme ordinaires par d'autres personnes. Le comportement commence normalement au début de l'âge adulte et se manifeste dans un éventail de circonstances. L'abus de substances, le chagrin et les problèmes alimentaires sont normalement liés au BPD.

L'état d'esprit dysphorique typique de ces personnes est fréquemment ponctué d'indignation, de frénésie ou de désespoir et n'est que rarement apaisé par la prospérité. Ces scènes peuvent être activées par la réactivité outrancière de la personne aux facteurs de stress relationnels. De même, les personnes atteintes de ce problème ont régulièrement des sentiments constants de vacuité. Beaucoup d'entre elles éprouvent une indignation exceptionnelle et inconvenante ou ont des difficultés à contrôler leur ressentiment. Par exemple, elles peuvent perdre leur sang-froid, ressentir une contrariété constante, avoir des altercations verbales ou participer à des batailles physiques. Ce ressentiment peut être activé par le fait qu'ils reconnaissent qu'un individu notable est négligent, qu'il se retient, qu'il s'acharne ou qu'il se rend. Les articulations de l'indignation peuvent être suivies de sentiments de malveillance ou de sentiments de disgrâce et de blâme. Pendant les périodes de pression outrageante, ces personnes peuvent rencontrer des idées de méfiance transitoires ou des manifestations dissociatives extrêmes (par exemple, la dépersonnalisation). Les personnes atteintes de ce trouble présentent en outre des taux élevés de troubles concomitants, par exemple la tristesse, le mal-être, la toxicomanie et les problèmes alimentaires, ainsi que la souffrance de soi, les pratiques autodestructrices et les suicides.

ANTÉCÉDENTS DE TROUBLE DE LA PERSONNALITÉ LIMITE

La concomitance d'états d'esprit extraordinaires et disparates au sein d'un individu a été perçue par Homère, Hippocrate et Arétée, ce dernier décrivant la proximité vacillante du ressentiment imprudent, de la tristesse et de la folie chez un individu solitaire. L'idée a été rétablie par le médecin suisse Théophile-Bonet en 1684 qui, en utilisant le terme foliemaniaco-mélancolique, a décrit le miracle d'états d'esprit insécurisés qui suivaient un cours inhabituel. Différents auteurs ont remarqué un phénomène similaire, notamment le thérapeute américain Charles H. Hughes en 1884 et J. C. Rosse en 1890, qui a appelé ce trouble "folie limite". En 1921, Kraepelin a reconnu une "personnalité excitable" qui correspond intensément aux points saillants borderline illustrés dans l'idée actuelle du BPD.

Le premier ouvrage psychanalytique critique à utiliser l'expression "borderline" a été composé par Adolf Stern en 1938. Il dépeignait un groupe de patients souffrant de ce qu'il considérait comme un type de schizophrénie douce, à la frontière entre l'abattement et la psychose.

Dans les années 1960 et 1970, on est passé d'une schizophrénie limite à un trouble affectif limite (trouble de l'humeur), à la limite de la bipolarité, de la cyclothymie et de la dysthymie. Dans le DSM-II, axé sur la puissance et l'inconstance des états d'esprit, il était appelé personnalité cyclothymique. Alors que l'expression "borderline" se développait pour faire référence à une catégorie particulière de troubles, les psychanalystes, par exemple Otto Kernberg, l'utilisaient pour faire référence à un large éventail de problèmes, décrivant un niveau intermédiaire d'association de personnalité entre l'anxiété et la psychose.

Après que des critères institutionnalisés aient été créés pour le distinguer des troubles de l'humeur et des autres problèmes de l'axe I, le TPL s'est transformé en un problème de personnalité en 1980 avec la production du DSM-III. Le trouble a été distingué de la schizophrénie sub-syndromique, qui a été nommée "trouble de la personnalité schizotypique". Le groupe de travail sur l'axe II du DSM-IV de l'American Psychiatric Association s'est enfin mis d'accord sur le nom de "trouble de la personnalité limite", qui est toujours utilisé par le DSM-5 aujourd'hui. Néanmoins, l'expression "borderline" a été décrite comme remarquablement déficiente pour décrire les symptômes caractéristiques de ce trouble.

LES CAUSES DU TROUBLE DE LA PERSONNALITÉ BORDERLINE

Il n'y a pas de raison évidente pour laquelle certaines personnes rencontrent des difficultés liées au trouble borderline. Ce diagnostic est posé plus souvent chez les femmes que chez les hommes, mais il peut toucher des personnes de tous les sexes et de tous les milieux.

De même que pour d'autres problèmes de bien-être émotionnel, les raisons du trouble de la personnalité limite ne sont pas complètement comprises. La plupart des experts/scientifiques de la santé mentale acceptent que le trouble de la personnalité borderline (BPD) est provoqué par un mélange de facteurs comme des composants naturels acquis ou internes, des éléments écologiques externes, par exemple, des rencontres horribles dans la jeunesse, les éléments sociaux comprennent la façon dont les individus communiquent dans leur amélioration initiale avec leur famille, leurs compagnons et d'autres enfants. Les éléments mentaux comprennent la personnalité et la disposition de la personne, les capacités d'adaptation sur la méthode la plus efficace pour gérer la pression. L'ensemble de ces facteurs indique qu'il existe différents éléments qui peuvent contribuer au trouble et qui seront examinés ci-dessous ;

- **Cours de génétique**

Il est prouvé que le trouble borderline pourrait avoir une cause héréditaire, car vous êtes susceptible d'être atteint si un membre de votre famille proche l'est également. Il peut être acquis ou lié sans équivoque à d'autres troubles psychologiques chez les proches. Par conséquent, les gènes que vous recevez de vos parents peuvent vous rendre progressivement impuissant à développer le BPD.

Il est possible qu'une combinaison de facteurs soit également incluse, mais la génétique peut vous rendre progressivement vulnérable à la création d'un BPD et c'est souvent à cause de rencontres pénibles ou horribles que ces vulnérabilités sont activées et deviennent un problème.

L'héritabilité du trouble borderline a été évaluée à 40%. C'est-à-dire, 40% de l'inconstance dans le risque fondamental du BPD dans la population peut être clarifié par des contrastes héréditaires. Les enquêtes sur les jumeaux peuvent surestimer l'impact des qualités sur le changement de la personnalité en raison de la variable alambiquée d'une condition familiale mutuelle. Quoi qu'il en soit, les spécialistes de cette étude ont estimé que les problèmes de personnalité "semblent être plus fortement influencés par les effets génétiques que presque tous les troubles de l'axe I [par exemple, le trouble bipolaire, la dépression, les troubles de l'alimentation], et plus que la plupart des grandes dimensions de la personnalité". De plus, l'enquête a montré que le BPD a été évalué comme le troisième problème de personnalité le plus héritable sur les 10 problèmes de personnalité vérifiés. Les études sur les jumeaux, la parenté et d'autres familles démontrent une héritabilité fractionnelle pour l'animosité impulsive, mais les enquêtes sur les qualités liées à la sérotonine n'ont recommandé que d'humbles contributions au comportement.

Des familles avec des jumeaux aux Pays-Bas ont fait partie d'un examen continu par Trull et ses associés, dans lequel 711 ensembles de parents et 561 tuteurs ont été analysés pour reconnaître la zone des caractéristiques héréditaires qui affectaient l'amélioration du BPD. Les partenaires de recherche ont découvert que le matériel héréditaire situé sur le chromosome 9 était lié aux points forts du DBP. Les spécialistes ont présumé que "les facteurs génétiques jouent un rôle majeur dans les différences individuelles des caractéristiques du trouble de la personnalité borderline". Ces mêmes scientifiques avaient auparavant déduit dans un rapport antérieur que 42% de la variété des caractéristiques du TPL pouvait être déduite des impacts héréditaires et que 58% était due aux impacts naturels. Les caractéristiques examinées depuis 2012 comprennent le polymorphisme 7 du récepteur de la dopamine D4 (DRD4) sur le chromosome 11, qui a été lié à la confusion, tandis que l'impact consolidé du polymorphisme 7 et du génotype 10/10 du transporteur de la dopamine (DAT) a été lié à des variations par rapport à la norme dans le contrôle de l'inhibition, deux caractéristiques notoires du TPL. Il existe une association potentielle avec le chromosome .

Les facteurs génétiques peuvent donc contribuer à la cause du trouble de la personnalité borderline.

-Les événements stressants ou horribles de la vie.

Si vous obtenez ce résultat, vous êtes plus susceptible que beaucoup d'autres personnes d'avoir fait des rencontres troublantes ou horribles en grandissant, par exemple en ressentant fréquemment de l'appréhension, de l'agitation, un manque de soutien ou de la négation ; des difficultés ou de l'instabilité familiales, par exemple en vivant avec un parent qui a des habitudes de maltraitance sexuelle, physique ou psychologique ; la perte d'un parent.

Si vous avez fait de telles rencontres dans votre jeunesse, elles peuvent vous avoir amené à créer des techniques d'adaptation spécifiques, ou des convictions sur vous-même et sur les autres, qui peuvent s'avérer moins utiles avec le temps et vous causer des problèmes. Vous pouvez également être aux prises avec des sentiments d'indignation, d'effroi ou de misère.

Vous pouvez également rencontrer le BPD sans avoir eu d'antécédents d'événements horribles ou bouleversants dans votre vie, ou vous pouvez avoir fait différentes sortes de rencontres troublantes. Si vous avez déjà fait l'expérience d'une partie de ces problèmes, le fait de subir des pressions ou des blessures à l'âge adulte pourrait exacerber la situation.

-Anomalies cérébrales.

Certaines études ont démontré des changements dans des territoires spécifiques du cerveau impliqués dans la ligne directrice des sentiments, l'impulsivité et l'hostilité. En outre, certaines substances chimiques du cerveau qui contribuent à orienter la disposition, par exemple la sérotonine, peuvent ne pas fonctionner correctement. On pense que de nombreuses personnes atteintes de TPL ont un problème avec les synapses de leur cerveau, en particulier la sérotonine.

Les neurotransmetteurs sont des "produits chimiques messagers" utilisés par votre esprit pour transmettre des signaux entre les synapses. Des taux modifiés de sérotonine ont été associés à la mélancolie, à l'hostilité et à la difficulté à contrôler les désirs ruineux.

Les chercheurs ont utilisé l'IRM pour étudier le cerveau des personnes atteintes de TPL. Les examens radiologiques utilisent des champs attractifs solides et des ondes radio pour créer une image point par point de l'intérieur du corps.

Les scanners ont révélé que chez de nombreuses personnes atteintes de TPL, trois parties du cerveau étaient plus petites que prévu ou présentaient des degrés de mouvement inhabituels. Ces parties étaient les suivantes : l'amygdale, qui joue un rôle important dans la gestion des sentiments, en particulier les sentiments les plus "négatifs", comme la peur, l'hostilité et la nervosité, l'hippocampe, qui dirige le comportement, et le cortex orbitofrontal, qui s'occupe de l'organisation et de la dynamique.

Des problèmes avec ces parties du cerveau pourraient bien s'ajouter aux effets secondaires du TPL ; l'amélioration de ces parties du cerveau est influencée par votre enfance initiale. Ces parties de l'esprit sont en outre responsables de la ligne directrice du tempérament, ce qui peut représenter une partie des problèmes que rencontrent les personnes atteintes du TPL dans leurs relations amicales.

De nombreux phénomènes étonnants se produisent dans le cerveau des personnes atteintes de TPL et les analystes ne savent pas encore ce qu'ils impliquent. Quoi qu'il en soit, fondamentalement, si vous avez un BPD, votre cerveau est très vigilant. Les choses vous paraissent plus surprenantes et désagréables qu'aux autres. Votre interrupteur de combat ou de fuite est facilement actionné, et une fois qu'il l'est, il s'empare de votre cerveau judicieux, activant des sens d'endurance grossiers qui ne sont pas toujours adaptés à la situation actuelle.

En outre, un certain nombre d'études de neuro-imagerie sur le TPL ont permis de découvrir des diminutions dans des zones du cerveau impliquées dans la gestion des réactions au stress et des sentiments, influençant l'hippocampe, le cortex orbitofrontal et l'amygdale, entre autres territoires. Des études moins nombreuses ont utilisé la spectroscopie de réverbération attractive pour étudier les changements dans les groupements de neurométabolites dans certains districts cérébraux de patients atteints de DBP, en examinant les neurométabolites, par exemple le N-acétylaspartate, la créatine, les mélanges liés au glutamate et les composés contenant de la choline.

Quelques enquêtes ont distingué une expansion de la matière grise dans des zones telles que l'aire motrice supplémentaire bilatérale, le gyrus denté et le précunéus bilatéral, qui s'étend jusqu'au cortex cingulaire postérieur (CCP) bilatéral. L'hippocampe sera en général plus petit chez les personnes atteintes du TPL, comme c'est le cas chez les personnes atteintes du syndrome de stress post-traumatique (SSPT). En tout état de cause, dans le BPD, contrairement au PTSD, l'amygdale sera en général également plus petite. Ce mouvement anormalement solide pourrait expliquer la qualité et la durée de vie peu communes de l'effroi, du trouble, de l'indignation et de la disgrâce ressentis par les personnes atteintes du TPL, dans la régulation de leurs émotions et de leurs réponses au stress.

-Facteurs environnementaux ;

Diverses variables environnementales semblent normales et générales chez les personnes atteintes de BPD. Il s'agit notamment du fait d'avoir été victime d'une maltraitance enthousiaste, physique ou sexuelle ; d'avoir été confronté à une peur ou à une douleur de longue durée pendant l'enfance ;

d'avoir été négligé par un ou deux parents ; d'avoir grandi avec un autre parent qui souffrait d'un véritable problème de santé psychologique, par exemple un trouble bipolaire ou un problème d'abus d'alcool ou de médicaments.

La relation d'un individu avec ses parents et sa famille a un impact sur la façon dont il perçoit le monde et sur ce qu'il accepte des autres.

L'appréhension, l'indignation et la misère de l'adolescence peuvent donner lieu à une série de déductions déformées pour les adultes, par exemple, idéaliser les autres, attendre des autres qu'ils soient des parents pour vous ; anticiper que les autres vous menacent ; continuer à agir comme si les autres étaient des adultes et que vous ne l'étiez pas.

De nombreuses personnes souffrant de trouble de la personnalité borderline rapportent avoir rencontré des occasions terribles dans leur vie, par exemple, des abus, des abandons ou des difficultés pendant l'adolescence. D'autres peuvent avoir été présentées à des connexions capricieuses, réfutantes, et à des affrontements antagonistes. Bien que ces variables puissent accroître le risque d'un individu, cela ne signifie pas qu'il développera un trouble de la personnalité borderline. De la même manière, il peut y avoir des individus sans ces facteurs de risque qui créeront un problème de personnalité borderline au cours de leur vie.

- Traumatisme de l'enfance ;

Il existe un lien solide entre la maltraitance des enfants, en particulier la maltraitance sexuelle des enfants, et l'évolution du TPL. De nombreuses personnes atteintes de BPD rapportent un passé marqué par la maltraitance et le mépris dans leur enfance, mais le lien de causalité est encore discuté. Les patients souffrant de BPD ont été considérés comme ayant tendance à rapporter avoir été maltraités verbalement, intérieurement, réellement ou explicitement par des tuteurs des deux sexes. Ils rapportent également un taux élevé de consanguinité et de perte de figures parentales pendant leur enfance. Les personnes atteintes de BPD sont également susceptibles de rapporter que leurs tuteurs des deux sexes les empêchent de revendiquer leurs contemplations et leurs émotions. Les tuteurs ont également été interrogés sur le fait qu'ils n'ont pas assuré la sécurité requise et qu'ils ont négligé la considération physique de leurs enfants. Les tuteurs des deux sexes ont normalement répondu qu'ils se sont éloignés sincèrement de l'enfant et qu'ils l'ont traité de manière conflictuelle. De plus, les femmes atteintes de BPD qui ont annoncé des antécédents de mépris de la part d'une figure parentale féminine et de maltraitance de la part d'un tuteur masculin étaient fondamentalement liées à la maltraitance sexuelle par une figure non parentale.

Il a été recommandé que les enfants qui sont victimes d'abus précoces incessants et de problèmes de connexion peuvent créer un problème de personnalité borderline. Écrivant dans la coutume psychanalytique, Otto Kernberg soutient que l'incapacité d'un jeune à accomplir l'entreprise formative de l'explication clairvoyante de soi et des autres et l'incapacité à surmonter la séparation peuvent augmenter le danger de construire une personnalité borderline.

- Exemples neurologiques ;

La force et la réactivité de l'affectivité négative d'un individu, ou son inclination à ressentir des sentiments négatifs, prédisent les indications du BPD plus fermement que ne le fait la maltraitance sexuelle des jeunes. Cette découverte, les contrastes dans la structure cérébrale et le fait que quelques patients atteints de TPL ne rapportent pas d'antécédents affreux recommandent que le TPL se distingue du trouble de stress post-traumatique qui l'accompagne le plus souvent. Dans cette optique, les spécialistes analysent les causes formatives sans tenir compte des blessures subies par l'enfant.

Les recherches publiées en janvier 2013 par Anthony Ruocco, de l'Université de Toronto, ont mis en évidence deux exemples de mouvements cérébraux qui pourraient être à l'origine du dérèglement des sentiments que l'on constate actuellement : une action accrue dans les circuits mentaux responsables de l'expérience d'une agonie passionnelle exacerbée, associée à une initiation réduite des circuits cérébraux qui contrôlent ou étouffent habituellement ces sentiments d'agonie créés. On pense que ces deux systèmes neuronaux peuvent être utilisés de manière défectueuse dans le cadre limbique, mais les zones particulières changent généralement chez les personnes, ce qui nécessite la réalisation d'autres études de neuro-imagerie.

De plus (contrairement aux résultats d'études antérieures) les personnes souffrant de TPL ont montré moins d'activité dans l'amygdale dans des circonstances d'émotionnalité négative étendue que le groupe de référence. John Krystal, directeur de la rédaction du journal Biological Psychiatry, a déclaré que ces résultats "[ajoutent] au sentiment que les personnes souffrant d'un trouble de la personnalité borderline sont "paramétrées" par leur cerveau pour avoir une vie passionnelle orageuse, bien qu'elles n'aient pas vraiment une vie troublée ou inefficace"]. On a constaté que leur instabilité enthousiaste est associée à des contrastes dans quelques districts de l'esprit.

- Autocomplexité

La nature multidimensionnelle du soi, ou le fait de penser que son soi possède un large éventail d'attributs, peut réduire la disparité évidente entre un soi réel et un portrait mental idéal du soi. Une nature plus riche en facettes peut conduire un individu à vouloir plus d'attributs plutôt que de meilleurs attributs ; s'il est convaincu qu'il aurait dû se procurer des qualités, celles-ci pourraient être vécues comme des modèles plutôt que d'être considérées comme des caractéristiques théoriques. L'idée d'une norme n'inclut pas vraiment la représentation des caractéristiques qui parlent de la norme : la connaissance de la norme peut juste inclure la compréhension de "ressemblant", un lien solide et non une qualité.

- Question de personnalité et de honte ;

Lorsque les cliniciens parlent de "personnalité", ils font allusion aux exemples de raisonnement, de sentiment et de comportement qui rendent chacun d'entre nous différent. Personne n'agit constamment de la même manière, mais en général, nous collaborons et entrons en contact avec le monde de manière réellement fiable. C'est la raison pour laquelle les individus sont régulièrement dépeints comme "timides", "amicaux", "prudents", "insouciants", etc. Ce sont des composantes de la personnalité.

Puisque la personnalité est si intrinsèquement associée au caractère, l'expression "problème de personnalité" peut vous donner l'impression qu'il y a quelque chose de très fondamental qui ne va pas dans votre identité. Cependant, un problème de personnalité n'est pas un jugement de caractère. En termes cliniques, le "problème de personnalité" implique que votre façon de vous identifier au monde n'est pas tout à fait la même que la norme. (En tant que tel, vous n'agissez pas de la manière prévue par la grande majorité). Cela vous pose des problèmes fiables dans de nombreux domaines de votre vie, par exemple, vos relations, votre vocation et vos émotions envers vous-même et envers les autres.

SYMPTÔMES DU TROUBLE BORDERLINE CHEZ LES FEMMES

Une femme souffrant d'un trouble de la personnalité borderline peut régulièrement voir la plupart de ses relations être tumultueuses et peu sûres. Un sujet typique dans la vie des femmes atteintes de cette maladie est le manque de confiance, les fréquents soubresauts d'indignation et de déception, et une conduite imprudente. L'ensemble des indications du trouble de la personnalité borderline chez la femme commence véritablement à l'âge adulte.

Les signes normaux de cette inadaptation psychologique chez les femmes comprennent la crainte d'être négligées ou abandonnées par ceux qu'elles aiment ou qu'elles fréquentent. Cette crainte de l'abandon est un sujet typique de leur vie en tout cas, même lorsque l'abandon n'est certainement pas un véritable danger ou même une chance. Les amis et la famille peuvent dire à une femme souffrant de ce problème qu'ils l'aiment et qu'ils ne la quitteront pas, mais la personne souffrant de BPD se concentre toujours sur l'abandon apparent.

Une autre indication du problème de personnalité limite chez les femmes est qu'elles deviennent en général dépendantes des autres, régulièrement cette dépendance associée à la peur de l'abandon pousse les femmes à avoir une conduite incohérente et à abandonner ou couper les liens avant qu'il y ait une opportunité pour elles d'être abandonnées.

Normalement, les personnes qui présentent ce type d'inadaptation psychologique ont en tout cas cinq des indications qui accompagnent le trouble de la personnalité limite ;

Signe numéro un : Elle s'efforce de maintenir une distance stratégique par rapport à un abandon réel ou envisagé.

Signe numéro deux : Les femmes qui ont ce problème ont un exemple d'associations gênantes dont le sujet de base est les limites passionnelles sporadiques de l'amour exceptionnel et de la révérence ou du dédain de l'individu dans la relation.

Signe numéro trois : Les femmes atteintes de BPD ont régulièrement une vision mentale capricieuse d'elles-mêmes et sont incertaines de leur propre caractère.

Signe numéro quatre : Les femmes souffrant de BPD ont tendance à agir de manière précipitée et à s'automutiler, notamment en dépensant sans compter, en ayant des relations sexuelles avec de nombreux complices, en abusant de l'alcool et des médicaments, en conduisant comme des folles et en se gavant.

Signe numéro 5 : Les femmes déterminées à souffrir d'une maladie grave ont souvent des sentiments de vacuité et de misère à long terme.

Signe numéro six : Ils ont régulièrement des visites de bouleversements passionnels et d'épisodes émotionnels exceptionnels qui peuvent les faire passer du sentiment de découragement au bol et à l'agitation à la joie et à l'euphorie en un laps de temps extrêmement court. De temps en temps, ces bouleversements ne durent que quelques heures l'un après l'autre, mais d'autres peuvent se poursuivre pendant un temps assez long.

Signe numéro 7 : Les femmes ayant un problème de personnalité borderline ont régulièrement des contemplations autodestructrices ou font courir le risque d'en finir avec les personnes de leur entourage.

Signe numéro 8 : Les femmes atteintes de BPD ont régulièrement des indignations inappropriées et très furieuses et ont des problèmes pour contrôler leur ressentiment, leur férocité et leur brutalité.

-Signes et symptômes généraux .

Le trouble de la personnalité limite (TPL) se manifeste de diverses manières, mais pour en tirer des conclusions, les experts en psychologie et en santé mentale classent les effets secondaires en neuf catégories importantes. Pour qu'il soit déterminé que vous souffrez d'un trouble de la personnalité borderline, vous devez présenter des indications de cinq de ces manifestations. En outre, les effets secondaires doivent être durables (ils commencent généralement dans la jeunesse) et affecter de nombreux aspects de votre vie.

LES 9 EFFETS SECONDAIRES DU BPD

La peur de l'abandon : les personnes atteintes de BPD sont régulièrement effrayées à l'idée d'être abandonnées ou de partir seules. Dans tous les cas, quelque chose d'aussi anodin qu'un ami ou un membre de la famille qui arrive plus tard que prévu au travail ou qui part à la fin de la semaine peut déclencher une peur extrême. Cela peut provoquer des efforts fous pour garder l'autre personne près de soi. Vous pouvez demander, coller, entamer des batailles, suivre l'évolution de l'être aimé ou même l'empêcher de partir. Malheureusement, ce comportement aura en général l'effet contraire - repousser les autres.

Relation capricieuse ; les personnes atteintes de BPD auront en général des relations exceptionnelles et brèves. Vous pouvez commencer à regarder rapidement d'un œil étonné, acceptant que chaque nouvel individu soit la personne qui vous fera vous sentir entier, pour être immédiatement frustré. Vos relations semblent être soit formidables, soit effrayantes, sans aucun point central. Vos amants, vos compagnons ou vos parents peuvent avoir l'impression d'avoir un coup de fouet passionnel à cause de vos changements rapides de la glorification à l'avilissement, l'outrage et l'abomination.

Image de soi indistincte ou changeante : lorsque vous avez un BPD, votre perception de vous-même est généralement vacillante. De temps en temps, vous pouvez vous aimer, mais à d'autres occasions, vous vous méprisez, voire vous considérez comme malveillant. Il est fort probable que vous n'ayez aucune idée de ce qu'est votre identité ou de ce dont vous avez besoin dans la vie quotidienne. Ainsi, vous pouvez souvent changer d'emploi, de compagnons, d'amoureux, de religion, de qualités, d'objectifs ou même de personnalité sexuelle.

Comportements impulsifs et autodestructeurs : si vous avez un BPD, vous pouvez prendre part à des pratiques dangereuses, à la recherche de sensations, en particulier lorsque vous êtes perturbé. Il se peut que vous dépensiez indiscrètement de l'argent que vous ne pouvez pas supporter, que vous consommiez de la nourriture avec voracité, que vous conduisiez de manière effrénée, que vous voliez à l'étalage, que vous ayez des relations sexuelles dangereuses ou que vous fassiez des efforts excessifs avec des médicaments ou de l'alcool. Ces pratiques dangereuses peuvent vous aider à vous sentir mieux sur le moment, mais elles vous nuisent à long terme, ainsi qu'à tous ceux qui vous entourent.

Comportement autodestructeur : Les comportements suicidaires et les comportements autodestructeurs intentionnels sont courants chez les personnes atteintes de BPD. La conduite autodestructrice comprend la contemplation du suicide, l'émission de signaux ou de dangers autodestructeurs, ou la réalisation d'une tentative de suicide. L'automutilation englobe toute autre tentative de se faire du mal sans but autodestructeur. Les types normaux d'automutilation comprennent les coupures et la consommation. Les comportements autodestructeurs comprennent le suicide et les tentatives de suicide, tout comme les comportements autodestructeurs décrits ci-dessous.

Plus de 80 % des personnes ayant un problème de personnalité borderline ont des comportements autodestructeurs et environ 4 à 9 % se suicident, ce qui est l'une des conséquences les plus regrettables de toute inadaptation psychologique. Quelques médicaments peuvent aider à diminuer les pratiques autodestructrices chez les personnes ayant un problème de personnalité borderline. Par exemple, une étude a démontré que la thérapie comportementale dialectique (TCD) diminuait les tentatives de suicide chez les femmes de manière significative par rapport à d'autres types de psychothérapie, ou traitement par la parole. La TCD a également réduit le recours à la salle de crise et aux soins hospitaliers et a permis à un plus grand nombre de membres de suivre le traitement, contrairement à d'autres méthodes de traitement.

Contrairement aux tentatives de suicide, les comportements d'automutilation ne sont pas le fruit d'une envie de mordre la poussière. Quoi qu'il en soit, certaines pratiques d'automutilation peuvent être dangereuses. Les pratiques d'automutilation liées au problème de personnalité borderline comprennent le fait de se couper, de consommer, de frapper, de se frapper la tête, de s'arracher les cheveux et d'autres actes dangereux. Les personnes atteintes d'un trouble de la personnalité borderline peuvent s'automutiler pour aider à diriger leurs sentiments, pour se repousser ou pour communiquer leur douleur. Elles ne considèrent généralement pas ces actes comme étant destructeurs.

Le TPL se caractérise par des **fluctuations émotionnelles extrêmes, des** sentiments et des états d'esprit instables. Une minute, vous pouvez vous sentir joyeux, et la suivante, abattu. Des détails facilement négligés par les autres peuvent vous faire basculer dans une spirale enthousiaste. Ces épisodes émotionnels sont extraordinaires, mais ils passent en général assez vite (contrairement aux fluctuations enthousiastes de la mélancolie ou de la bipolarité), et ne durent généralement que quelques instants ou quelques heures.

Pensée incessante de vide ; les personnes atteintes de TPL parlent régulièrement de leur penchant pour le vide, comme s'il y avait un manque ou un vide en elles. Dans l'extraordinaire, vous pouvez avoir l'impression de n'être rien ou "personne".

Cette inclinaison est gênante, et vous pouvez tenter de combler ce vide avec des choses comme des médicaments, de la nourriture ou du sexe. Dans tous les cas, rien n'est vraiment satisfaisant.

Colère épouvantable : Si vous êtes atteint d'un BPD, il se peut que vous luttiez contre un ressentiment extrême et une irritabilité. Vous pouvez également éprouver des difficultés à vous contrôler une fois le détonateur allumé - en hurlant, en jetant des objets ou en étant totalement dévoré par la rage. Notez que ce ressentiment n'est pas constamment coordonné vers l'extérieur. Vous pouvez investir beaucoup d'énergie à vous en vouloir.

Sentiment de méfiance ou de retrait du monde réel ; les personnes atteintes de BPD sont souvent en proie à la méfiance ou à des songes suspects sur les processus de pensée des autres. Lorsqu'elles sont sous pression, elles peuvent même prendre de la distance par rapport au monde réel - une rencontre connue sous le nom de séparation. Vous pouvez vous sentir brumeux, dispersé, ou comme si vous étiez à l'extérieur de votre propre corps.

Pour une meilleure compréhension des symptômes ;

-       **Instabilité émotionnelle**

Le terme mental pour cela est " dysrégulation des sentiments " ; exemples de raisonnement ou de reconnaissance perturbés - "

courbures psychologiques " ou " contorsions perceptuelles " ; conduite hâtive ; associations sérieuses mais bancales avec les autres.

Chacune de ces zones est décrite plus en détail ci-dessous.

Instabilité émotionnelle ; si vous souffrez d'un TPL, vous pouvez éprouver régulièrement des sentiments négatifs extraordinaires, tels que : la rage, la détresse, la disgrâce, l'alarme, la peur, des sentiments de vide et de dépression à long terme. Vous pouvez avoir des épisodes émotionnels extrêmes sur une courte période.

Modèles de raisonnement perturbés ; Différentes sortes de songes peuvent influencer les personnes atteintes de BPD, notamment : des considérations perturbantes, par exemple, croire que vous êtes un individu horrible ou avoir l'impression de ne pas exister. Il se peut que vous ne soyez pas certain de ces considérations et que vous cherchiez à vous consoler en vous disant qu'elles sont fausses des scènes concises de rencontres inhabituelles, par exemple, entendre des voix en dehors de votre tête pendant un temps considérable à la fois. Elles peuvent fréquemment être ressenties comme des directives pour vous faire du mal ou en faire à d'autres. Vous pourriez être sûr qu'il s'agit de véritables scènes de rencontres étranges - où vous pouvez rencontrer les deux trips mentaux (voix hors de votre tête) et des convictions troublantes dont personne ne peut vous débarrasser (par exemple, accepter que votre famille tente secrètement de vous exécuter). Il est essentiel de trouver un soutien si vous souffrez d'hallucinations.

Les personnes atteintes de BPD peuvent ressentir des sentiments sans pratiquement lever le petit doigt et de manière plus profonde et plus prolongée que les autres. Un attribut central du BPD est la précarité des sentiments, qui pour la plupart se manifeste par des réactions enthousiastes étonnamment sérieuses à des déclencheurs naturels, avec un retour plus lent à un état passionnel de jauge. L'affectabilité, la force et la durée avec lesquelles les personnes atteintes du TPL ressentent des sentiments ont des répercussions à la fois positives et négatives. Les personnes atteintes du BPD sont régulièrement incroyablement excitées, pleines d'espoir, euphoriques et adoratrices, mais peuvent se sentir dépassées par des sentiments négatifs (tension, découragement, blâme/déshonneur, stress, indignation, etc.), rencontrant une détresse extraordinaire plutôt qu'un trouble, un déshonneur et une mortification plutôt qu'une honte douce, une rage plutôt qu'une irritation et une frénésie plutôt qu'une appréhension.

Les personnes atteintes de BPD sont également particulièrement sensibles aux sentiments de rejet, d'analyse, d'enfermement et de déception. Avant d'apprendre d'autres moyens de gérer le stress, leurs efforts pour superviser ou fuir leurs sentiments exceptionnellement négatifs peuvent les amener à s'enfermer dans l'enthousiasme, à s'automutiler ou à adopter une conduite autodestructrice. Ils sont souvent conscients de la puissance de leurs réponses enthousiastes négatives et, comme ils ne peuvent pas les diriger, ils les ferment totalement, car le fait d'y penser ne ferait que provoquer une douleur supplémentaire. Cela peut être destructeur car les sentiments contraires préparent les individus à la proximité d'une circonstance risquée et les incitent à y faire face.

Alors que les personnes atteintes de TPL ressentent du ravissement (satisfaction exceptionnelle vaporeuse ou périodique), elles sont particulièrement enclines à la dysphorie (état significatif d'inquiétude ou de déception), à la misère, ainsi qu'à des sentiments de trouble mental et enthousiaste. Quatre classifications de la dysphorie sont perçues comme communes à cette condition : sentiments outrageux, tendance à nuire ou imprudence, sentiment de division ou de manque de caractère, et sentiments d'exploitation. À l'intérieur de ces classifications, une conclusion BPD est fermement liée à un mélange de trois états explicites : se sentir vendu, se croire sauvage, et "vouloir se faire du mal". Comme il existe une extraordinaire diversité dans les types de dysphorie que les personnes atteintes de BPD ressentent, l'adéquation de la douleur est un marqueur utile.

En dépit de sentiments extraordinaires, les personnes atteintes du TPL éprouvent une "labilité" (variabilité ou vacillation) enthousiaste. Bien que ce terme évoque des changements rapides entre la tristesse et l'euphorie, les fluctuations du tempérament chez les personnes atteintes du TPL comprennent le plus souvent une tension, avec des vacillements entre l'indignation et le malaise et entre la mélancolie et la nervosité.

-Comportement ;

La conduite précipitée est normale, notamment l'abus de substances ou d'alcool, la consommation de nourriture en abondance, les rapports sexuels non protégés ou sans but avec divers complices, les dépenses inconsidérées et la conduite folle. La conduite précipitée peut également inclure le fait de quitter son emploi ou ses relations, de fuir et de s'automutiler. Les personnes atteintes de BPD peuvent agir ainsi parce que cela leur donne le sentiment d'un soulagement rapide de leur agonie passionnelle, mais à long terme, elles ressentent une honte et un blâme accrus face aux résultats inéluctables de cette conduite. Un cycle s'enclenche régulièrement dans lequel les personnes atteintes de BPD ressentent une agonie passionnelle, adoptent une conduite imprudente pour atténuer ce tourment, ressentent de la honte et du blâme pour leurs activités, ressentent un tourment enthousiaste dû à la honte et au blâme, puis éprouvent des désirs plus fondés de prendre part à une conduite irréfléchie pour calmer le nouveau tourment. À long terme, la conduite irréfléchie peut devenir une réaction programmée au tourment enthousiaste.

Si vous êtes atteint d'un trouble borderline, il existe deux types fondamentaux de forces motrices que vous aurez peut-être beaucoup de mal à contrôler : une motivation à s'automutiler, par exemple, en se coupant les bras avec un rasoir ou en se brûlant la peau avec une cigarette ; dans les cas extrêmes, en particulier si vous vous sentez également très triste et découragé, cette motivation peut provoquer une tendance à l'autodestruction et vous pouvez tenter de vous suicider une solide motivation à prendre part à des exercices imprudents et désinvoltes, par exemple, en buvant beaucoup, en abusant de sédatifs, en dépensant sans compter ou en pariant sans compter, ou en ayant des rapports sexuels non protégés avec des étrangers.

Comportement autodestructeur incessant

Une composante essentielle du trouble de la personnalité borderline est la conduite irréfléchie et insensée, y compris la conduite et les dépenses imprudentes, le vol à l'étalage, le gavage puis les vomissements, l'abus de substances, les comportements sexuels dangereux, l'automutilation et les tentatives de suicide. On pense que cette conduite reflète les difficultés que rencontrent les patients souffrant d'un trouble de la personnalité borderline pour s'adapter et réguler des sentiments extrêmes ou des forces motrices. Quelques cliniciens qui maîtrisent le traitement du trouble de la personnalité borderline recommandent que le psychothérapeute aborde chaque rencontre en considérant un système progressif de besoins. À la fin de la journée, les pratiques autodestructrices et insensées seraient traitées comme les besoins les plus élevés, avec une poussée pour évaluer le risque du patient pour ces pratiques et aider le patient à découvrir des approches pour s'occuper de la sécurité.

Des options autres que l'automutilation, par exemple, peuvent être envisagées, et des éléments de connaissance peuvent être offerts sur l'importance d'une conduite insensée. De même, les ISRS peuvent être approuvés pour les auto-mutilations persistantes.

La plupart des spécialistes s'accordent à dire qu'il est parfois important de fixer un point de rupture dans le traitement des patients souffrant de troubles de la personnalité limite. Puisque les patients prennent part à un si grand nombre de pratiques insensées et imprudentes, les cliniciens peuvent finir par passer une grande partie du traitement à fixer des limites aux pratiques du patient. Le risque dans ces circonstances est que les conseillers s'enferment dans une position de contre-transfert consistant à surveiller la conduite du patient au point de perdre les objectifs du traitement et de compromettre le partenariat de réparation. Waldinger a recommandé que l'établissement de limites soit axé sur un sous-groupe de pratiques, à savoir celles qui sont préjudiciables au patient, au spécialiste ou au traitement. La fixation de limites n'est pas vraiment une offre finale incluant un risque d'arrêt du traitement. Les conseillers peuvent montrer au patient que des conditions spécifiques sont importantes pour rendre le traitement raisonnable. Il est en outre précieux pour les thérapeutes d'aider le patient à réfléchir en profondeur aux résultats de pratiques irréfléchies incessantes. À l'heure actuelle, la conduite peut passer progressivement d'un état syntonique de la conscience à un état dystonique de l'image de soi (c'est-à-dire que la conduite s'avère d'autant plus bouleversante pour le patient que la personne en question se révèle progressivement intelligente quant aux résultats antagonistes). Le patient et le spécialiste seraient alors en mesure d'élaborer une coalition corrective plus solidement fondée sur des techniques permettant de contrôler la conduite.

Utilisation de substances dangereuses

Les problèmes de consommation de substances sont fondamentaux chez les patients ayant un problème de personnalité borderline. La proximité de l'usage de substances a des ramifications significatives pour le traitement, puisque les patients avec un problème de personnalité borderline qui abusent de substances pour la plupart ont un résultat médiocre et sont à un risque extraordinairement élevé de suicide et de mort ou de blessure survenant à cause de mésaventures. Les personnes souffrant d'un trouble de la personnalité borderline consomment régulièrement des substances de manière précipitée, ce qui les pousse à adopter d'autres comportements insensés, par exemple, la mutilation du corps, la discrimination sexuelle ou un comportement provocateur qui incite à l'attaque (en comptant les embuscades meurtrières).

Les patients souffrant d'un problème de personnalité borderline qui font un usage abusif de substances ne sont que de temps en temps réels à la vie et à l'approche de la nature et du degré de leur maltraitance, en particulier dans les premières périodes de traitement.

Par conséquent, les conseillers devraient poser des questions explicites sur la toxicomanie dès le début du traitement et informer les patients des dangers en question. Un traitement dynamique de tout problème de consommation de substances est fondamental dans le travail avec les patients souffrant d'un problème de personnalité borderline. En fonction de la gravité de l'abus d'alcool, si le traitement ambulatoire est inadéquat, un traitement hospitalier peut être nécessaire pour une désintoxication et un investissement dans différentes médiations de traitement de l'alcoolisme. La participation aux Alcooliques Anonymes est souvent utile, que ce soit dans le cadre d'une hospitalisation ou d'un traitement ambulatoire. L'expérience clinique recommande que l'utilisation du disulfiram peut de temps en temps être utile comme traitement d'appoint pour les patients ayant un problème de personnalité borderline qui consomment de l'alcool, mais il doit être utilisé avec vigilance en raison du risque d'impulsivité ou de nonobservance. D'autres médicaments puissants pour le traitement de l'abus d'alcool ou de la dépendance à l'alcool (par exemple, la naltrexone) peuvent également être envisagés. Des projets en douze avances sont également accessibles aux personnes qui manient des opiacés ou de la cocaïne. Les rivaux narcotiques (par exemple, la naltrexone) sont viables dans le traitement des surdoses de sédatifs et sont parfois utilisés pour tenter de diminuer la maltraitance des sédatifs. Quoi qu'il en soit, ils requièrent une adhésion constante du patient et il n'existe que peu de données exactes sur l'adéquation de cette méthodologie pour l'accoutumance.

L'orientation vers des médicaments peut constituer un élément précieux du traitement. Néanmoins, à l'exception peut-être de la consommation légère de cannabis, la psychothérapie seule est généralement incapable de traiter les problèmes de toxicomanie.

Dans la mesure où différentes substances peuvent être manipulées pour couvrir le découragement, la tension et d'autres états connexes, l'expérience clinique suggère que les médicaments recommandés - les antidépresseurs (en particulier les ISRS) ou les anxiolytiques non habituants, par exemple la buspirone - peuvent contribuer à alléger les manifestations cachées, réduisant ainsi l'envie de dépendre de l'alcool ou des médicaments.

Discernement ;

Les sentiments graves que ressentent régulièrement les personnes atteintes de BPD peuvent les empêcher de se concentrer. Les autres peuvent dans certains cas savoir si une personne atteinte du TPL est en train de se séparer, car ses articulations faciales ou vocales peuvent être plates ou ternes, ou elle peut sembler distraite.

La séparation se produit fréquemment à la lumière d'une occasion angoissante (ou de quelque chose qui déclenche le souvenir d'une occasion atroce). Le cerveau détourne alors son attention de cet événement, probablement pour se protéger contre les sentiments extrêmes et les motivations sociales indésirables qu'ils peuvent déclencher. La propension du cerveau à occulter les sentiments graves et difficiles peut apporter un soulagement transitoire, mais elle peut également avoir pour effet de bloquer ou d'émousser les sentiments courants, réduisant ainsi l'accès des personnes atteintes de TPL aux données que ces sentiments fournissent, données qui aident à orienter une dynamique viable dans la vie quotidienne.

-Des connexions instables/des relations interpersonnelles ;

Les personnes atteintes de BPD peuvent être sensibles à la manière dont les autres les traitent, en ressentant une félicité et une appréciation extraordinaires lors de manifestations de bienveillance, et une grande misère ou une indignation lors d'une analyse ou d'une perniciosité apparente. Les personnes atteintes de BPD prennent régulièrement part à l'admiration et à la dépréciation des autres, passant d'un respect constructif élevé pour les individus à une frustration incroyable à leur égard. Leurs sentiments à l'égard d'autrui passent régulièrement d'un respect ou d'un amour profond à l'indignation ou à l'aversion après une erreur, un danger de perdre quelqu'un, ou une perte apparente d'estime pour quelqu'un qu'ils estiment. Cet émerveillement est dans certains cas appelé séparation. Associées à des aggravations de tempérament, la glorification et la dégradation peuvent miner les associations avec la famille, les compagnons et les collègues de travail.

Alors qu'elles ont un besoin impérieux de proximité, les personnes atteintes du TPL ont tendance à établir des liens incertains, évitants, irrésolus ou effrayants avec quelqu'un, et considèrent régulièrement le monde comme dangereux et maléfique. Comme d'autres problèmes de personnalité, le BPD est lié à des degrés accrus de pression et de lutte incessantes dans les relations sentimentales, à une diminution de l'épanouissement des complices sentimentaux, à des abus et à des grossesses non désirées.

Si vous souffrez d'un trouble borderline, vous pouvez avoir l'impression que les autres vous abandonnent au moment où vous en avez le plus besoin, ou qu'ils se rapprochent trop de vous et vous couvrent. Lorsque les personnes redoutent d'être abandonnées, cela peut provoquer des sentiments de malaise et d'indignation extrêmes. Vous pouvez faire des efforts démesurés pour éviter d'être ignoré, par exemple en envoyant continuellement des messages à une personne ou en l'appelant de nulle part, en l'appelant dans la nuit, en vous accrochant véritablement à cette personne et en refusant d'abandonner les risques de vous endommager ou de vous massacrer si cette personne vous quitte. Vous pouvez aussi avoir l'impression que d'autres personnes vous couvrent, vous contrôlent ou vous envahissent, ce qui suscite également une peur et une indignation exceptionnelles. Vous pouvez alors réagir en adoptant des approches visant à faire partir les individus, par exemple en vous retirant véritablement, en les rejetant ou en utilisant des attaques tapageuses. Ces deux schémas peuvent entraîner une relation "amour-destruction" instable avec certaines personnes.

De nombreuses personnes atteintes de BPD semblent avoir une perspective "blanc foncé" extrêmement inflexible sur les relations. Soit une relation est géniale et cet individu est magnifique, soit la relation est destinée et cet individu est horrible. Les personnes atteintes du BPD semblent incapables ou réticentes à reconnaître toute sorte de "zone floue" dans leur propre vie et leurs relations.

Pour certaines personnes atteintes de BPD, les liens enthousiastes (y compris les associations avec des soignants compétents) comprennent des perspectives de "partir/ne pas partir", ce qui est trompeur pour elles et leurs complices. Malheureusement, cela peut souvent provoquer des séparations.

Les personnes atteintes d'un trouble de la personnalité borderline considèrent également les choses de manière limitée, par exemple, tout est génial ou tout est terrible. Leur évaluation des autres peut également changer rapidement. Une personne qui est considérée comme un compagnon un jour peut être considérée comme un ennemi ou un trompeur le lendemain. Ces émotions mouvantes peuvent provoquer des rapprochements sérieux et précaires.

-LE COMPORTEMENT VIOLENT   ET LES TRAITS ANTISOCIAUX

Quelques patients ayant un problème de personnalité borderline prennent part à des pratiques brutales. La brutalité peut accepter des structures telles que le fait de jeter des objets sur des proches ou sur des conseillers lors de moments de grave contrariété ou de déception. D'autres peuvent soumettre des embuscades physiques. Quelques patients ayant un problème de personnalité borderline sont réellement injurieux envers leurs enfants. Les patients ayant des attributs réservés peuvent participer à des vols, des cambriolages et des vols de véhicules. Les démonstrations de ce genre sont fréquemment liées à un dossier de capture.

Les méthodologies de remédiation idéales pour gérer les points forts réservés diffèrent en fonction de la gravité de ces points forts, et vont de médiations mineures à des procédures plus étendues et progressivement complexes, raisonnables pour un tableau clinique dans lequel l'antisocialité est une considération principale.

Lorsque les faits saillants retirés sont légers (par exemple, un vol à l'étalage périodique à l'occasion d'une pression extrême), l'expérience clinique recommande qu'un traitement subjectif individuel puisse être fructueux (par exemple, en incitant le patient à évaluer les dangers par rapport aux avantages, le moment présent par rapport au long terme).

Au moment où l'on constate des retraits progressifs, un traitement privé peut être envisagé. Cela peut apparaître comme le "réseau de remédiation".

Différents types de traitement de rassemblement constituent l'épine dorsale de cette méthodologie. Lorsqu'il existe des bouleversements de la conduite féroce, l'utilisation de médicaments pour régler l'état d'esprit ou d'un ISRS peut être démontrée.

Au moment où les manifestations de repli sur soi sont considérablement et progressivement extrêmes et deviennent prépondérantes, et où le risque de méchanceté est en hausse, une psychothérapie, quelle qu'elle soit, peut se révéler insuffisante. Un traitement immédiat (automatique, si nécessaire) peut être nécessaire pour permettre au patient de retrouver le contrôle et, dans les cas où un danger particulier a été véhiculé par le patient, pour diminuer le danger pour la ou les victimes potentielles.

Les cliniciens doivent savoir que quelques patients présentant un problème de personnalité borderline avec une comorbidité réservée peuvent ne pas être une possibilité acceptable de traitement. Ceci est particulièrement évident lorsque le tableau clinique est commandé par des caractéristiques psychopathiques (telles que décrites par Hare) de type fortement narcissique : importance de soi, escroquerie, absence de regret, mensonge et manipulation. Essentiellement, alors que les processus de pensée cachés du désir ou de la rétribution sont d'une force extraordinaire, le traitement peut s'avérer impossible.

-D'autres problèmes peuvent être comorbides avec la personnalité borderline, par exemple, un problème d'état d'esprit, des troubles liés à la consommation de substances, des problèmes alimentaires (notamment la boulimie), le PTSD, un autre problème de malaise, un problème de caractère dissociatif, et un problème de manque de considération/hyperactivité. "Comorbidité", et faire allusion aux directives de pratique pertinentes de l'APA. Ces facteurs peuvent brouiller le tableau clinique et doivent être pris en compte dans le traitement. Le découragement, régulièrement accompagné de points saillants atypiques, est particulièrement normal chez les patients souffrant d'un trouble de la personnalité limite. Les points saillants accablants peuvent répondre aux critères d'un problème accablant significatif ou d'un problème dysthymique, ou ils peuvent être une indication du problème de personnalité borderline lui-même.

Malgré le fait que cette différenciation peut être difficile à faire, les points forts qui apparaissent particulièrement normaux pour la personnalité borderline sont la vacuité, l'auto-jugement, les peurs d'abandon, la tristesse, l'inutilité et les mouvements autodestructeurs répétés.

Les faits saillants pénibles qui semblent, de toute évidence, être dus à un trouble de la personnalité borderline peuvent réagir aux approches thérapeutiques décrites actuellement. Les faits saillants pénibles qui répondent aux critères de mélancolie significative (particulièrement si des effets secondaires neurovégétatifs évidents sont disponibles) doivent être traités en utilisant les approches de traitement standard pour la mélancolie significative.

FACTEURS DE RISQUE

LE SUICIDE ET LES COMPORTEMENTS AUTODESTRUCTEURS

Les dangers, les mouvements et les tentatives d'autodestruction sont exceptionnellement courants chez les patients souffrant d'un trouble de la personnalité limite, et 8 à 10 % d'entre eux en viennent à bout.

Le trouble de la personnalité borderline est lié à des taux plus élevés de suicide et de pratiques d'automutilation. Les patients souffrant d'un trouble de la personnalité borderline qui envisagent de se faire du mal ou de se suicider ont besoin d'une aide immédiate. Si vous, un compagnon ou un parent envisage de se suicider ou de s'automutiler, prêtez attention à toute remarque sur le suicide ou le désir de mordre la poussière. Même si vous n'acceptez pas que votre proche ou votre compagnon fasse une tentative de suicide, il est indéniable que cette personne est en difficulté et qu'elle peut bénéficier de votre aide pour trouver un traitement.

Outrage, IMPULSIVITÉ, ET VIOLENCE

L'indignation et l'impulsivité sont des signes du problème de personnalité borderline et peuvent être dirigées contre les autres, y compris le clinicien. Ceci est particulièrement susceptible de se produire lorsqu'il y a une perturbation dans les liens du patient ou lorsque l'individu se sent délaissé (par exemple, il y a un ajustement des cliniciens) ou lorsque le patient se sent vendu, honteusement dénoncé, ou vraiment mal jugé et accusé par le clinicien ou un autre énorme. En effet, même en observant de près et en tenant compte de ces questions dans le traitement, il est difficile de prévoir leur événement. Un autre facteur de confusion est que le mécontentement ou la conduite du patient peut susciter l'indignation du conseiller, ce qui a le potentiel d'influencer défavorablement le jugement clinique. A venir, les contemplations du conseil pour l'outrage, l'impulsivité, et la méchanceté chez les patients ayant un problème de personnalité borderline :

VIOLATIONS DES LIMITES;Avec les patients ayant un problème de personnalité borderline, il y a un danger d'intersection et de violation des limites.

Difficultés ;

Le trouble de la personnalité borderline peut nuire à de nombreux aspects de votre vie. Il peut avoir une influence négative sur vos relations avec vos proches, votre travail, vos études, vos activités sociales et votre image mentale :

Des changements ou des malheurs dans le travail

Ne pas terminer l'instruction

Différentes questions juridiques, par exemple, la peine de prison

Liaisons conflictuelles, pression conjugale ou séparation

Auto-mutilation, par exemple, se couper ou se consumer, et hospitalisations pour visite

Inclusion dans les connexions préjudiciables

Grossesses spontanées, maladies explicitement transmises, accidents de véhicules à moteur et batailles physiques en raison d'un comportement indiscret et dangereux

Suicide délibéré ou terminé

De plus, vous pouvez avoir d'autres problèmes de bien-être émotionnel, par exemple,

Tristesse

Abus d'alcool ou d'autres substances

Problème de tension

Trouble du déficit de l'attention/hyperactivité (TDAH)

Questions diététiques

Trouble de stress post-traumatique (TSPT)

Confusion bipolaire

TRAITEMENTS

Le trouble de la personnalité borderline touche environ 2 % des adultes et 20 % de la population internée dans des établissements psychiatriques. Il se manifeste normalement pendant la jeunesse et est décrit par une précarité du tempérament, une perturbation de l'autoportrait mental et un risque enthousiaste. On s'attend à ce que cette infirmité disparaisse avec le développement, avec une évolution viable de la personnalité. Bien que le trouble de la personnalité borderline ne soit pas un état d'esprit invalidant, comme la schizophrénie, il est considéré comme une maladie intense par la plupart des spécialistes en raison des méfaits qu'un individu tourmenté peut causer à la personne en question, au plus fort de la pression.

Environ 9 à 75 pour cent des personnes qui présentent un trouble de la personnalité borderline s'automutilent, consomment des drogues de façon chronique, sont dépendantes de l'alcool et ont des comportements autodestructeurs. Parmi cette population qui s'adonne à des pratiques insensées, environ 8 à 10 % mordent réellement la poussière. Ces résultats inquiétants incitent les spécialistes cliniques à traiter l'affliction psychologique à l'aide de médicaments contraignants.

Un plan de traitement convaincant doit tenir compte de vos inclinations tout en prenant en charge d'autres affections concomitantes que vous pouvez avoir. Les choix de traitement comprennent la psychothérapie, les médicaments et le soutien des groupes, des amis et de la famille. La psychothérapie est le traitement essentiel du trouble de la personnalité borderline. Les traitements doivent être fondés sur les besoins de l'individu, plutôt que sur la conclusion générale du TPL. Les médicaments sont utiles pour traiter les problèmes de comorbidité, par exemple le découragement et la nervosité. L'hospitalisation momentanée n'a pas été considérée comme plus efficace que les soins en réseau pour améliorer les résultats ou éviter à long terme les comportements autodestructeurs chez les personnes atteintes de TPL. L'objectif général du traitement est de permettre à la personne atteinte de BPD d'autogérer progressivement son propre plan de traitement à mesure qu'elle réalise ce qui fonctionne et ce qui ne fonctionne pas.

-La psychothérapie, par exemple la thérapie comportementale dialectique (TCD), la thérapie comportementale cognitive (TCC) et la psychothérapie psychodynamique, est la principale ligne de décision pour le TPL. L'apprentissage d'approches permettant de s'adapter à une dysrégulation enthousiaste dans un cadre utile est régulièrement la voie d'une amélioration à long terme pour les personnes confrontées au TPL.

La psychothérapie est normalement le principal traitement des personnes souffrant d'un trouble de la personnalité borderline. Des recherches récentes proposent que la psychothérapie puisse calmer quelques effets secondaires, mais d'autres examens sont attendus pour voir d'autant plus probablement comment la psychothérapie fonctionne.

Elle peut très bien être dispensée en tête-à-tête entre le conseiller et le patient ou dans le cadre d'une réunion. Les réunions de groupe dirigées par un thérapeute peuvent aider à enseigner aux personnes souffrant de troubles de la personnalité borderline comment interagir avec les autres et comment communiquer avec succès. Il est important que les personnes en traitement coexistent avec leur conseiller et lui fassent confiance.

L'idée même d'un problème de personnalité limite peut rendre difficile pour les personnes atteintes de ce problème de maintenir un lien agréable et confiant avec leur spécialiste.

Il est important que les personnes en traitement coexistent avec leur conseiller et lui fassent confiance. L'idée même d'un problème de personnalité limite peut rendre difficile pour les personnes atteintes de ce problème de maintenir ce type de lien avec leur spécialiste.

La psychothérapie à long terme est à ce jour le traitement de choix pour le BPD. Bien que la psychothérapie, en particulier la thérapie comportementale dialectique et les approches psychodynamiques, soit convaincante, ses effets sont faibles.

Les médicaments plus complets ne sont pas considérablement supérieurs aux médicaments moins complets. Six de ces médicaments sont accessibles : la psychothérapie dynamique déconstructive (DDP), le traitement basé sur la mentalisation (MBT), la psychothérapie centrée sur le transfert, la thérapie comportementale dialectique (DBT), la gestion psychiatrique générale et la thérapie centrée sur les schémas. Si la TCD est le traitement qui a été le plus considéré, chacun de ces médicaments semble viable pour traiter le TPL, à l'exception de la thérapie centrée sur les schémas. Un traitement à long terme, quel qu'il soit, y compris la thérapie centrée sur les schémas, est supérieur à l'absence de traitement, en particulier pour réduire les envies d'automutilation.

1.   Thérapie cognitivo-comportementale (TCC). La TCC peut aider les personnes atteintes d'un trouble de la personnalité borderline à distinguer et à modifier les convictions centrales ainsi que les pratiques qui sous-tendent une vision inexacte d'elles-mêmes et des autres, ainsi que les problèmes d'interaction avec les autres. La TCC peut aider à atténuer un certain nombre de manifestations d'état d'esprit et de malaise et à réduire la quantité de pratiques autodestructrices ou autodestructives.

La TCC peut aider les personnes atteintes d'un trouble de la personnalité borderline à distinguer et à modifier les convictions et les pratiques centrales qui sous-tendent l'impression erronée qu'elles ont d'elles-mêmes ainsi que des autres personnes et les problèmes de communication avec les autres. La TCC peut aider à diminuer une série d'indications de disposition et de nervosité et à réduire la quantité de pratiques autodestructrices ou autodestructives.

La thérapie cognitivo-comportementale (TCC) - vise à vous aider à comprendre comment vos considérations et vos convictions peuvent influencer vos émotions et votre comportement. La thérapie cognitivo-analytique (CAT) - associe les techniques pratiques de la TCC à l'accent mis sur le lien entre vous et votre conseiller. Elle peut vous aider à examiner la manière dont vous vous identifiez aux individus, y compris vous-même, et ce que les exemples ont créé pour vous.

2.   La thérapie comportementale dialectique (TCD) - utilise un traitement individuel et collectif pour vous aider à apprendre à vous adapter à des sentiments gênants. Jusqu'à présent, le NICE a prescrit ce traitement pour les femmes atteintes de TPL qui ont régulièrement des problèmes d'autodéfense, et on pense qu'il est également utile pour différents groupes. La thérapie comportementale dialectique (TCD) est un type de traitement explicitement destiné à traiter les personnes atteintes de BPD.

La TCD repose sur la possibilité que 2 éléments significatifs contribuent au TPL : vous êtes particulièrement sans défense - par exemple, un faible degré de stress vous fait ressentir beaucoup d'anxiété vous avez vécu votre enfance dans une situation où vos sentiments étaient rejetés par votre entourage - par exemple, un parent peut vous avoir dit que vous n'aviez pas le choix de vous sentir triste ou que vous étiez tout simplement " insensé " si vous pleurnichiez sur vos sentiments de malaise ou de stress.

Ces deux éléments peuvent vous faire tomber dans une boucle sans fin - vous éprouvez des sentiments graves et bouleversants, mais vous vous sentez coupable et inutile d'avoir ces sentiments. À cause de votre enfance, vous pensez que le fait d'avoir ces sentiments fait de vous un individu horrible. Ces pensées conduisent alors à des sentiments encore plus désagréables.

L'objectif de la TCD est de briser ce cycle en présentant 2 concepts importants : la validation ; tolérer que vos sentiments sont légitimes, authentiques et acceptablesla dialectique : une école de théorie qui exprime que la plupart des choses dans la vie sont de temps en temps "sombres ou blanches" et qu'il est essentiel d'être disponible pour les pensées et les conclusions qui nient les vôtres.

Le spécialiste de la TCD utilisera ces deux idées pour tenter d'obtenir des changements positifs dans votre comportement.

Par exemple, le conseiller pourrait reconnaître (approuver) que des sentiments d'extrême amertume vous font souffrir, et que le fait de continuer ainsi ne fait pas de vous un individu horrible et inutile.

Quoi qu'il en soit, le spécialiste s'efforcerait alors de remettre en question la supposition selon laquelle l'automutilation est le meilleur moyen de s'adapter aux sentiments de pitié.

Un objectif définitif de la TCD est de vous permettre de vous "libérer" de la vision du monde, de vos relations et de votre vie d'une manière exceptionnellement restreinte et inflexible qui vous pousse à adopter une conduite dangereuse et imprudente.

La TCD comprend normalement des rencontres individuelles et des réunions hebdomadaires, et on vous donnera un numéro de téléphone à appeler en dehors des heures de travail si vos manifestations se détériorent.

La TCD repose sur la coopération. On compte sur vous pour travailler avec votre conseiller et les autres participants aux réunions. Ainsi, les spécialistes coopèrent en tant que groupe.

La TCD s'est avérée particulièrement efficace dans le traitement des femmes atteintes de BPD dont les antécédents sont marqués par l'automutilation et les comportements autodestructeurs. Elle a été prescrite par le National Institute for Health and Care Excellence (NICE) comme le principal traitement pour ces femmes afin de tenter de

La thérapie comportementale dialectique (TCD) : ce type de traitement est centré sur le concept de soins, ou de surveillance et d'attention à la situation actuelle. La TCD enseigne les capacités à contrôler les sentiments extrêmes, à réduire les comportements insensés et à améliorer les relations. Ce traitement diffère de la TCC en ce qu'il recherche un équilibre entre le changement et la tolérance des convictions et des pratiques.

La TCD, qui a été créée pour les personnes souffrant d'un trouble de la personnalité borderline, utilise les idées de soin et de reconnaissance ou de surveillance et d'attention à la circonstance présente et à l'état passionnel. La TCD enseigne également des aptitudes pour contrôler les sentiments extrêmes, diminuer les pratiques imprudentes et améliorer les relations.

La thérapie comportementale dialectique (TCD) comporte des segments comparables à la TCC, notamment des pratiques, par exemple la réflexion. Ce faisant, elle aide la personne souffrant de BPD à acquérir des aptitudes pour superviser ses indications. Ces aptitudes comprennent l'orientation des sentiments, les soins et la résistance au stress.

Les étapes utilisées dans la thérapie comportementale dialectique (TCD) ;

La thérapie cognitivo-comportementale (TCC) est également un type de psychothérapie utilisé pour le traitement du trouble borderline. Ce type de traitement repose sur le changement des pratiques et des convictions des individus en reconnaissant les enjeux de la tourmente. La TCC est connue pour diminuer certains signes de nervosité et d'état d'esprit, ainsi que pour réduire les considérations autodestructrices et les pratiques autodestructrices.

Un autre type de psychothérapie à long terme qui peut être utilisé pour traiter le TPL est le traitement basé sur la mentalisation (MBT).

Le traitement basé sur la mentalisation et la psychothérapie centrée sur le transfert dépendent des normes psychodynamiques, et le traitement de la conduite persuasive dépend des normes sociales et des soins psychologiques. L'administration mentale générale consolide les normes centrales de chacune de ces médecines, et elle est considérée comme plus simple à apprendre et moins concentrée. Des études préliminaires contrôlées randomisées ont indiqué que la TCD et la TMB pourraient être les meilleures, et les deux offrent de nombreuses similitudes. Les spécialistes souhaitent créer des adaptations plus courtes de ces traitements afin d'en élargir la disponibilité, d'alléger le poids budgétaire des patients et d'atténuer les difficultés financières des fournisseurs de traitements.

Certaines études montrent que la réflexion sur les soins peut entraîner des changements auxiliaires idéaux dans l'esprit, en se souvenant des changements dans les structures cérébrales qui sont liés au TPL. Les interventions basées sur les soins semblent également améliorer les effets secondaires normaux du TPL, et quelques clients qui ont suivi un traitement basé sur les soins n'ont plus jamais répondu à au moins cinq des critères analytiques du DSM-IV-TR pour le TPL.

La thérapie basée sur la mentalisation (MBT) est un moyen de vous aider à percevoir et à comprendre vos états psychologiques et ceux des autres, et à inspecter vos pensées sur vous-même et sur les autres. La MBT repose sur l'idée que les personnes atteintes de TPL ont une faible capacité de mentalisation.

La mentalisation est la capacité à envisager la réflexion. Cela implique d'examiner ses propres idées et convictions, et d'évaluer si elles sont utiles, raisonnables et dépendantes du monde réel.

Par exemple, de nombreuses personnes atteintes de BPD auront une envie soudaine d'autodestruction et satisferont ensuite cette envie sans y réfléchir. Elles n'ont pas la capacité de "prendre du recul" par rapport à ce désir et de se dire : "Ce n'est pas une bonne perspective et je raisonne ainsi parce que je suis perturbé".

Un autre élément important de la mentalisation consiste à percevoir que les autres ont leurs propres contemplations, sentiments, convictions, souhaits et besoins, et que votre compréhension des états psychologiques des autres peut ne pas être vraiment juste. Vous devez également connaître l'effet potentiel de vos activités sur les états psychologiques des autres.

L'objectif du MBT est d'améliorer votre capacité à percevoir vos propres états psychologiques et ceux des autres, de découvrir comment prendre du recul par rapport à vos idées sur vous-même et sur les autres et de les examiner pour vérifier si elles sont légitimes.

Au début, le traitement par MBT peut être dispensé dans une clinique d'urgence, où vous demeurerez en tant que patient hospitalisé. Le traitement consiste pour l'essentiel en des rencontres quotidiennes singulières avec un spécialiste et en des réunions avec d'autres personnes souffrant de TPL.

En règle générale, un cours de MBT dure environ un an et demi. Quelques cliniques médicales et centres d'autorité vous incitent à rester hospitalisé pendant cette période. D'autres cliniques médicales et centres d'intérêt peuvent suggérer que vous quittiez la clinique d'urgence après un délai spécifique tout en continuant à être traité en tant que patient externe, c'est-à-dire que vous vous rendiez normalement à la clinique d'urgence.

3.   Thérapie centrée sur les schémas. Ce type de traitement consolide les composantes de la TCC avec différents types de psychothérapie qui se concentrent sur le recadrage des schémas, ou la façon dont les individus se voient eux-mêmes. Cette

méthodologie repose sur l'hypothèse selon laquelle le trouble de la personnalité limite provient d'une vision mentale inutile de soi, peut-être provoquée par des rencontres antagonistes dans la jeunesse, ce qui influence la façon dont les individus réagissent à leur état, interagissent avec les autres et s'adaptent aux problèmes ou au stress.

4.   La thérapie axée sur le transfert prévoit de se détacher du raisonnement total. Il s'agit maintenant pour les individus d'expliquer leurs compréhensions sociales et leurs sentiments afin de transformer leurs perspectives en classes moins inflexibles. Le spécialiste s'intéresse aux émotions de la personne et passe en revue les circonstances, réelles ou imaginaires, qui pourraient se produire ainsi que la manière de les aborder.

5.   Traitement des patients souffrant de trouble de la personnalité borderline

L'expérience clinique recommande qu'il existe plusieurs points forts normaux qui aident à contrôler le psychothérapeute, sans tenir compte du type particulier de traitement utilisé. Ces points forts comprennent la structure d'un partenariat de remédiation solide et l'observation du comportement suicidaire et des pratiques autodestructrices. Quelques spécialistes établissent une chaîne de commandement des besoins à prendre en compte dans le traitement (par exemple, se concentrer d'abord sur les comportements autodestructeurs). D'autres interventions importantes consistent à approuver la misère et l'expérience du patient, ainsi qu'à aider le patient à assumer la responsabilité de ses activités. Étant donné que les patients souffrant d'un trouble de la personnalité borderline peuvent présenter un large éventail de qualités et de défauts, l'adaptabilité est un élément essentiel de la réussite du traitement. Différents segments d'un traitement viable pour les patients ayant un problème de personnalité borderline comprennent la surveillance des sentiments (à la fois chez le patient et le conseiller), la promotion de la réflexion par opposition à l'activité irréfléchie, la diminution de la tendance du patient à prendre part à la séparation et la fixation de limites à toute pratique imprudente.

La psychothérapie psychodynamique individuelle sans traitement de groupe correspondant ou autres modalités de clinique médicale à mi-chemin a une certaine aide observationnelle. Les écrits sur le traitement de groupe ou la préparation aux aptitudes de rassemblement pour les patients ayant un problème de personnalité borderline sont limités mais montrent que ce traitement peut être utile. Les approches de rassemblement sont typiquement utilisées en combinaison avec un traitement individuel et d'autres types de traitement. Les écrits distribués sur le traitement des couples sont limités mais recommandent qu'il pourrait être une méthodologie de traitement adjuvante précieuse et, à l'occasion, fondamentale.

Quoi qu'il en soit, elle n'est pas prescrite comme le principal type de traitement pour les patients souffrant d'un trouble de la personnalité borderline. Alors que les informations sur le traitement familial sont également limitées, ils proposent qu'une approche psycho-éducative pourrait être utile. Les rapports cliniques distribués varient dans leurs suggestions sur la pertinence du traitement familial et l'association de la famille dans le traitement ; le traitement familial n'est pas prescrit comme le principal type de traitement pour les patients ayant un problème de personnalité borderline.

En général, deux méthodologies psychothérapeutiques se sont révélées adéquates dans des études préliminaires contrôlées et randomisées : la thérapie psychanalytique/psychodynamique et la thérapie comportementale dialectique. Le traitement dispensé dans ces études préliminaires comporte trois points essentiels : des rencontres hebdomadaires avec un spécialiste individuel, des réunions de groupe au moins une fois par semaine et des réunions de thérapeutes pour la consultation/supervision.

Cela encourage les patients à trouver comment contrôler leurs sentiments, à assumer la responsabilité de leur vie et à utiliser des moyens positifs de gérer le stress pour surmonter les difficultés. La psychothérapie utilise l'accord de "non-suicide" pour réduire les risques de décès et, simultanément, engager le patient à répudier sa propre misère et à chercher de l'aide si nécessaire. La psychothérapie offre également une voie de reconstruction subjective, dans laquelle la vision négative et brisée qu'un individu a de lui-même et du monde est rectifiée.

Aucun résultat n'est accessible à partir d'examens directs de ces deux façons de traiter pour recommander quels patients peuvent mieux réagir à quel type de traitement. Bien que le traitement bref pour la personnalité borderline n'ait pas été délibérément inspecté, les enquêtes sur le traitement progressivement étendu recommandent qu'une amélioration généreuse ne se produise qu'après environ un an de médiation psychothérapeutique ; de nombreux patients ont besoin d'un traitement beaucoup plus long.

Tout comme le fait de se mettre à l'écoute et de parler des problèmes importants avec vous, le psychothérapeute peut recommander des approches pour déterminer les problèmes et, si cela est fondamental, vous aider à changer vos mentalités et votre conduite. Le traitement du BPD a pour but d'aider les personnes à montrer des signes d'amélioration du sentiment de maîtrise de leurs considérations et de leurs sentiments.

La psychothérapie pour le BPD ne doit être dispensée que par un professionnel préparé. Il s'agira en règle générale d'un spécialiste, d'un thérapeute ou d'un autre professionnel du bien-être émotionnel. N'hésitez pas à demander des informations sur leur expérience.

Le type de psychothérapie que vous choisissez peut être fondé sur un mélange d'inclinaison individuelle et d'accessibilité à des médicaments explicites dans votre voisinage. Le traitement du BPD peut durer un an ou plus, en fonction de vos besoins et de la façon dont vous vivez votre vie.

- Pharmacothérapie et autres traitements substantiels

La pharmacothérapie est utilisée pour traiter les manifestations d'état pendant les périodes de décompensation intense tout comme les vulnérabilités d'attributs. Les manifestations montrées par les patients souffrant d'un trouble de la personnalité borderline tombent fréquemment dans trois mesures de conduite - la dysrégulation des sentiments, la dyscontrôle social imprudent, et les troubles de la perception psychologique - pour lesquelles des méthodologies de traitement pharmacologique explicites peuvent être utilisées.

(I) Traitement des effets secondaires complets de la dysrégulation des sensations

Les patients souffrant d'un trouble de la personnalité borderline qui présentent cette mesure affichent un passif de tempérament, une affectabilité de rejet, un ressentiment extrême erroné, des "sautes d'humeur" pesantes ou des bouleversements d'humeur. Ces indications doivent être traitées d'abord avec un inhibiteur spécifique de la recapture de la sérotonine (ISRS) ou un énergisant apparenté, par exemple la venlafaxine. Les études sur les antidépresseurs tricycliques ont donné des résultats contradictoires. Lorsque la dysrégulation émotionnelle se manifeste par un malaise, le traitement avec un ISRS peut être insuffisant et l'ajout d'une benzodiazépine doit être envisagé, bien que l'étude de ces médicaments chez les patients souffrant d'un trouble de la personnalité borderline soit limitée et que leur utilisation comporte un risque potentiel.

Lorsque la dysrégulation émotionnelle se manifeste par un sentiment d'indignation désinhibé qui coïncide avec d'autres signes de malaise, les ISRS constituent en outre le traitement de choix. L'expérience clinique suggère que pour les patients présentant un grave décontrôle social, des neuroleptiques à faible dose peuvent être ajoutés à la routine pour une réaction rapide et une amélioration des effets secondaires de la plénitude des sentiments.

Malgré le fait que la viabilité des inhibiteurs de la monoamine oxydase (IMAO) pour la dysrégulation émotionnelle chez les patients ayant un problème de personnalité borderline a une aide solide et exacte, les IMAO ne sont pas un traitement de première ligne en raison du danger de réactions authentiques et des défis avec l'adhésion aux restrictions alimentaires requises. Les stabilisateurs de l'état d'esprit (lithium, valproate, carbamazépine) sont un autre traitement de seconde ligne (ou adjuvant) pour la dysrégulation complète des sentiments, malgré le fait que les investigations de ces méthodologies sont limitées. Il existe peu d'informations sur la viabilité du traitement électroconvulsif (ECT) pour le traitement des effets secondaires de la dysrégulation complète des sentiments chez les patients atteints de

L'expérience clinique propose que tandis que l'ECT peut ici et là être démontré pour les patients avec comorbid grave hub I chagrin qui est imperméable à la pharmacothérapie, plein de sentiment souligne de la personnalité borderline question ne vont probablement pas réagir à l'ECT.

Un calcul délimitant les étapes qui peuvent être prises dans le traitement des indications de dysrégulation des sentiments chez les patients ayant un problème de personnalité borderline.

(ii) Traitement des effets secondaires de la dyscontrôle sociale incertaine

Les patients ayant un problème de personnalité borderline qui présentent cette mesure font preuve d'une hostilité imprudente, d'automutilation ou d'une conduite autodestructrice (par exemple, relations sexuelles débridées, abus de substances, dépenses inconsidérées). Lorsque les troubles du comportement représentent un véritable danger pour le bien-être du patient, il peut être important d'ajouter un neuroleptique à faible dose à l'ISRS. L'expérience clinique suggère que l'adéquation à mi-chemin d'un ISRS peut être améliorée en incluant du lithium. En cas d'inefficacité d'un ISRS, le passage à un IMAO peut être envisagé. L'utilisation de valproate ou de carbamazépine peut également être envisagée pour le contrôle de la motivation, malgré le fait qu'il n'y ait pas beaucoup d'enquêtes sur ces médicaments pour l'hostilité indiscrète chez les patients ayant un problème de personnalité borderline. Des preuves plus récentes recommandent que les neuroleptiques atypiques peuvent avoir une certaine viabilité pour l'impulsivité chez les patients avec un problème de personnalité borderline.

(iii) Traitement des symptômes psychologiques perceptuels

Les patients souffrant d'un trouble de la personnalité limite et présentant cette mesure affichent une suspicion, un raisonnement référentiel, des idées névrotiques, des déceptions, une déréalisation, une dépersonnalisation ou des manifestations semblables à celles d'un voyage mental. Les neuroleptiques à faible dose sont le traitement de choix pour ces effets secondaires. Ces médicaments peuvent améliorer les effets secondaires de type maniaque ainsi que l'état d'esprit découragé, l'impulsivité et les vibrations outrancières/menaçantes. Dans le cas où la réaction est problématique, la dose doit être augmentée à un niveau approprié pour traiter le problème du pivot 1.

-Groupe de personnes thérapeutiques   (GPT)

Les communautés thérapeutiques (CT) sont des situations organisées où des personnes souffrant de divers troubles et besoins mentaux complexes se retrouvent pour s'associer et participer à un traitement.

Les CT sont destinées à aider les personnes ayant des problèmes d'enthousiasme de longue date et un passé marqué par l'autodestruction en leur apprenant les capacités attendues pour coopérer socialement avec les autres.

La plupart des CT sont privées, par exemple dans d'énormes maisons, où vous restez environ 1 à 4 jours par semaine.

Tout comme la participation à un traitement individuel et collectif, vous serez amené à faire différents exercices destinés à améliorer vos capacités sociales et votre confiance en vous, par exemple, les tâches de l'unité familiale, l'organisation des repas, les jeux, les sports et autres exercices récréatifs, les réunions ordinaires du réseau - où les individus parlent de tous les problèmes qui sont apparus dans le réseau.

Les CT sont gérés sur la base de la popularité. Cela implique que chaque habitant et chaque membre du personnel a son mot à dire sur la façon dont le CT doit être géré, y compris sur le fait de savoir si un individu est raisonnable pour être admis dans ce réseau.

Même si votre groupe de réflexion estime que vous pouvez tirer profit d'un investissement énergétique dans un CT, cela ne signifie pas naturellement que le CT vous autorisera à le rejoindre.

De nombreuses CT fixent des règles sur ce qui est considéré comme une conduite digne à l'intérieur du réseau, par exemple, ne pas boire d'alcool, ne pas être brutal envers les autres occupants ou le personnel, et ne pas tenter de s'automutiler. Les personnes qui enfreignent ces règles sont généralement invitées à quitter la CT.

Bien que quelques personnes souffrant de BPD aient expliqué que le temps passé dans une CT a atténué leurs effets secondaires, il n'y a pas encore assez de preuves pour dire si les CT aideraient toutes les personnes souffrant de BPD.

De même, en raison des principes régulièrement sévères en matière de conduite, un CT ne serait vraisemblablement pas approprié si une personne avait des difficultés notables à contrôler sa conduite.

-Médicaments ;

Les médicaments peuvent contribuer à un plan de traitement, mais il n'existe aucun médicament conçu explicitement pour traiter les indications centrales du trouble borderline. Ou alors, quelques médicaments peuvent être utilisés de manière non nominative pour traiter différents effets secondaires. Par exemple, les stabilisateurs d'état d'esprit et les antidépresseurs aident à traiter les fluctuations de l'état d'esprit et la dysphorie. En outre, pour certains, la prescription d'antipsychotiques à faible dose peut aider à contrôler certaines indications, par exemple, le raisonnement compliqué.

L'hospitalisation momentanée peut être importante en cas de pression extraordinaire ou de comportement potentiellement imprudent ou autodestructeur pour garantir la sécurité.

Une étude menée en 2010 par la Cochrane Cooperation a révélé qu'aucun médicament ne présentait de garantie pour "les indications centrales du TPL, à savoir les sentiments interminables de vide, l'aggravation de la personnalité et le renoncement". En tout état de cause, les créateurs ont constaté que quelques médicaments pouvaient avoir un effet sur des manifestations distinctes liées au TPL ou sur les effets secondaires d'affections comorbides. Un audit de 2017 a inspecté les preuves distribuées depuis l'enquête Cochrane de 2010 et a constaté que "la preuve de la viabilité des médicaments pour le TPL reste mélangée est encore exceptionnellement minée par une structure d'enquête imparfaite".

Parmi les antipsychotiques courants concentrés sur le TPL, l'halopéridol peut réduire l'indignation et le flupenthixol peut diminuer la probabilité de comportements autodestructeurs. Parmi les antipsychotiques atypiques, une étude préliminaire a montré que l'aripiprazole pouvait diminuer les problèmes relationnels et l'impulsivité. L'olanzapine, tout comme la quétiapine, peut diminuer l'insécurité émotionnelle, l'indignation, les manifestations folles et suspectes et la tension, mais un faux traitement a eu un avantage plus important sur les idées autodestructrices que l'olanzapine. L'impact de la ziprasidone n'était pas notable.

Parmi les stabilisateurs de l'état d'esprit considérés, le valproate semisodique peut améliorer la tristesse, l'impulsivité, les problèmes relationnels et l'indignation. La lamotrigine peut diminuer l'impulsivité et l'indignation ; le topiramate peut améliorer les problèmes relationnels, l'impulsivité, la tension, l'indignation et la pathologie mentale générale. L'impact de la carbamazépine n'était pas critique. Parmi les antidépresseurs, l'amitriptyline peut atténuer le malheur, mais la miansérine, la fluoxétine, la fluvoxamine et le sulfate de phénelzine n'ont eu aucun effet. Les graisses insaturées oméga-3 peuvent augmenter la suicidalité et améliorer le malheur. À partir de 2017, on n'a pas recréé les conditions préalables à ces prescriptions et on n'a pas évalué l'impact de l'utilisation à long terme.

Compte tenu de la faiblesse des preuves et du potentiel de réactions authentiques d'une partie de ces médicaments, le UK National Institute for Health and Clinical Excellence (NICE) 2009 clinical rule for the treatment and the executives of BPD prescrit que "le traitement médicamenteux ne devrait pas être utilisé explicitement pour le problème de personnalité borderline ou pour les indications individuelles ou la conduite liée au trouble". Cependant, "le traitement par tranquillisants pourrait être considéré dans le traitement général des conditions comorbides". Ils proposent un "audit du traitement des individus avec un problème de personnalité borderline qui n'ont pas de maladie mentale ou physique comorbide analysée et qui sont actuellement recommandés pour des médicaments, dans le but de diminuer et d'arrêter les traitements médicamenteux superflus".

IL EST IMPORTANT DE SUIVRE UN TRAITEMENT ET DE S'Y TENIR.

Les études financées par le NIMH démontrent que les patients souffrant d'un trouble de la personnalité borderline qui ne reçoivent pas de traitement satisfaisant sont voués à créer d'autres instabilités cliniques ou psychologiques incessantes et sont plus réticents à prendre des décisions solides concernant leur mode de vie. Le trouble de la personnalité borderline est également lié à un rythme d'auto-mutilation et de conduite autodestructrice plus élevé que pour tout le monde.

Les prescriptions ne sont pas normalement utilisées comme traitement essentiel du trouble de la personnalité limite car les avantages sont indistincts. Néanmoins, parfois, un thérapeute peut prescrire des médicaments pour traiter des manifestations explicites, par exemple, des changements d'état d'esprit, la misère ou d'autres problèmes mentaux qui peuvent survenir avec le problème de personnalité borderline. Le traitement médicamenteux peut nécessiter la prise en charge par plus d'un expert clinique.

Certaines prescriptions peuvent provoquer des réactions diverses chez différents individus. Les gens devraient discuter avec leur fournisseur de ce que leur réserve une ordonnance spécifique.

Pour les cas outrageux, l'hospitalisation est préconisée. Un chagrin sérieux poussera un individu souffrant d'un problème de personnalité borderline à en finir et à s'imposer. Pour éviter cela, une supervision constante et un traitement clinique rapide sont nécessaires. Les cliniques d'urgence et les organisations psychiatriques disposent des bureaux essentiels pour assurer la sécurité et le bien-être de la personne. Ces établissements disposent également d'un personnel suffisant pour surveiller et prendre en charge les besoins des patients, d'une manière qui leur est généralement utile.

En relation avec la psychothérapie et l'hospitalisation, des médicaments sont donnés pour contrôler les effets secondaires ruineux du trouble de la personnalité borderline et améliorer la prospérité de l'individu. De faibles doses d'antipsychotiques sont administrées aux personnes atteintes du trouble de la personnalité borderline pendant de brèves scènes de folie. Les antidépresseurs et les anxiolytiques sont également approuvés pour le traitement des états passionnels explicites.

Différents ÉLÉMENTS DE SOINS

Quelques personnes souffrant d'un trouble de la personnalité borderline connaissent des manifestations extrêmes et ont besoin d'une prise en charge accrue, régulièrement en milieu hospitalier. D'autres peuvent avoir besoin de médicaments en ambulatoire, mais jamais d'une hospitalisation ou de soins de crise.

Traitement pour les aidants et les membres de la famille

Les groupes d'individus souffrant de troubles de la personnalité borderline peuvent également bénéficier d'un traitement. Avoir un parent avec le trouble peut être bouleversant, et les parents peuvent accidentellement agir de manière à exacerber les indications de leur parent. Certains traitements du trouble de la personnalité limite rappellent aux proches les réunions de traitement. Ces réunions aident les familles à créer des capacités pour comprendre et soutenir plus facilement un proche atteint d'un trouble de la personnalité borderline. Différents traitements sont centrés sur les besoins des proches pour les aider à comprendre les obstacles et les procédures pour penser à quelqu'un qui a un problème de personnalité borderline. Bien que d'autres recherches soient attendues pour décider de la viabilité du traitement familial dans le cas du trouble de la personnalité borderline, des études sur d'autres problèmes mentaux proposent que l'inclusion des proches peut aider au traitement d'un individu.

DIAGNOSTIC

La détermination dépend des manifestations, tandis qu'une évaluation clinique peut être effectuée pour exclure différents problèmes. L'affection doit être séparée d'un problème de caractère ou de consommation de substances, parmi d'autres perspectives.

Tragiquement, le trouble de la personnalité borderline est souvent sous-diagnostiqué ou mal diagnostiqué.

Un professionnel du bien-être psychologique expérimenté dans le diagnostic et le traitement des troubles mentaux, par exemple un thérapeute, un analyste, un travailleur social clinique ou un auxiliaire de santé mentale, peut reconnaître le trouble de la personnalité limite en fonction d'une rencontre exhaustive et d'une conversation sur les effets secondaires. Un test clinique prudent et intensif peut aider à écarter les autres raisons potentielles des indications.

L'expert en bien-être émotionnel peut obtenir des informations sur les indications et les comptes cliniques individuels et familiaux, y compris tout antécédent d'inadaptation psychologique. Ces données peuvent aider le spécialiste du bien-être psychologique à choisir le meilleur traitement. De temps en temps, des instabilités psychologiques concomitantes peuvent avoir des manifestations qui recouvrent le trouble de la personnalité limite, ce qui rend difficile de reconnaître le trouble de la personnalité limite d'autres comportements dysfonctionnels. Par exemple, un individu peut exprimer des sentiments de tristesse mais ne pas présenter d'effets secondaires différents à l'attention de l'expert en bien-être émotionnel.

Aucun test unique ne peut analyser le problème de la personnalité borderline. Des chercheurs subventionnés par le NIMH cherchent des approches pour améliorer la découverte de ce problème. Une enquête a trouvé que les adultes avec un problème de personnalité borderline ont indiqué des réponses passionnées excessives lorsqu'ils regardaient des mots avec des implications terribles, en contraste avec des individus solides. Les individus avec un problème de personnalité borderline de plus en plus extrême ont démontré une réaction passionnée plus intense que les individus qui avaient un problème de personnalité borderline moins sérieux.

Le BPD est ordinairement traité par un traitement, par exemple la thérapie cognitivo-comportementale (TCC)]. Une autre sorte, le traitement de la conduite argumentative (DBT), peut diminuer le danger de suicide. Le traitement peut se faire en tête-à-tête ou en groupe. Bien que les ordonnances ne règlent pas le TPL, elles peuvent être utilisées pour aider à soulager les symptômes qui y sont associés.Certaines personnes ont besoin de soins d'urgence en clinique.

Évaluation ;

Votre évaluation sera vraisemblablement réalisée par un maître en matière de personnalité, généralement un clinicien ou un spécialiste.

Des critères globalement perçus sont utilisés pour analyser le BPD. En règle générale, une conclusion peut être faite si vous répondez "oui" à au moins 5 des questions suivantes :

Avez-vous une peur exceptionnelle d'être méprisé, ce qui vous pousse à agir d'une manière qui, tout bien considéré, semble étrange ou extraordinaire, par exemple en appelant continuellement quelqu'un (à l'exclusion toutefois d'une conduite autodestructrice) ?

Avez-vous un exemple d'associations extraordinaires et fragiles avec d'autres personnes qui passent de l'intuition que vous aimez cette personne et qu'elle est brillante à l'abomination de cette personne et à la conviction qu'elle est horrible ?

Avez-vous déjà eu l'impression que vous n'avez pas d'identité personnelle solide et que vous n'avez pas une vision claire de votre identité mentale ?

Participez-vous à des exercices imprudents dans deux régions qui peuvent être nuisibles, par exemple des relations sexuelles dangereuses, l'abus de médicaments ou des dépenses folles (à l'exclusion toutefois des comportements autodestructeurs) ?

Est-ce que vous avez ressassé des dangers ou des tentatives de suicide d'il y a longtemps et que vous vous êtes occupé de vous faire mal ?

Avez-vous des épisodes émotionnels graves, par exemple un fort sentiment de découragement, de nervosité ou de mauvaise humeur, qui durent de quelques heures à quelques jours ?

Avez-vous des sentiments de vide et d'abattement à long terme ?

Avez-vous des sentiments brusques et extrêmes d'indignation et d'animosité, et pensez-vous régulièrement qu'il est difficile de contrôler votre agacement ?

Lorsque vous vous retrouvez dans des circonstances pénibles, éprouvez-vous des sentiments de méfiance, ou avez-vous le sentiment d'être désengagé du monde ou de votre propre corps, de vos contemplations et de votre conduite ?

Impliquer ses proches ;

Lorsqu'une analyse du BPD a été confirmée, il est suggéré de faire part de cette conclusion à la famille proche, aux compagnons et aux personnes en qui vous avez confiance.

Il y a plusieurs raisons à cela.

Un nombre important d'indications du trouble borderline influencent vos associations avec les personnes de votre entourage, donc les inclure dans votre traitement peut les rendre attentifs à votre état et rendre votre traitement progressivement plus convaincant.

Vos proches seront alors en mesure de rester attentifs à tout comportement qui pourrait démontrer que vous avez une urgence.

Ils peuvent également bénéficier de groupes de soins de proximité et de différentes administrations pour les personnes en relation avec un individu atteint de BPD.

Quoi qu'il en soit, le choix de discuter de votre état de santé vous appartient totalement, et votre discrétion sera considérée comme constante.

-Recherche ou découverte en cours pour améliorer la détermination du trouble de la personnalité borderline ?

Des études de neuro-imagerie en cours montrent des contrastes dans la structure et la capacité du cerveau entre les individus ayant un problème de personnalité borderline et ceux qui ne sont pas atteints de cette maladie. Certains examens proposent que les territoires cérébraux associés aux réactions enthousiastes deviennent hyperactifs chez les personnes ayant un problème de personnalité borderline lorsqu'elles accomplissent des tâches qu'elles considèrent comme contraires.

Les personnes souffrant de ce trouble présentent également une action moindre dans les régions du cerveau qui aident à contrôler les sentiments et les motivations fortes et permettent aux individus de comprendre le contexte d'une circonstance. Ces découvertes peuvent contribuer à clarifier l'état d'esprit d'insécurité et de dangerosité qui caractérise le trouble de la personnalité limite.

Un autre examen a démontré que, lorsqu'ils regardaient des images sincèrement pessimistes, les individus souffrant d'un trouble de la personnalité borderline utilisaient différentes zones du cerveau par rapport aux individus sans trouble. Les personnes atteintes de la maladie utiliseraient en général les zones du cerveau identifiées aux activités réflexes et à la préparation, ce qui pourrait révéler la propension à agir de manière indiscrète sur des signes d'enthousiasme.

Ces découvertes pourraient éclairer les efforts visant à élaborer des tests de plus en plus explicites pour analyser la personnalité borderline.

Ce qui déclenche le trouble de la personnalité borderline ;

Un grand nombre de personnes atteintes du trouble de la personnalité borderline (TPL) ont des déclencheurs, c'est-à-dire des occasions ou des circonstances spécifiques qui aggravent ou augmentent leurs indications. Les déclencheurs du TPL peuvent varier d'un individu à l'autre, mais il existe quelques types de déclencheurs qui sont extrêmement fondamentaux dans le TPL.

Par exemple, les personnes souffrant d'un trouble de la personnalité borderline peuvent se sentir furieuses et troublées par des séparations mineures, par exemple des excursions, des déplacements professionnels ou des changements de plans inattendus de la part de personnes dont elles se sentent proches. Des études montrent que les individus souffrant de ce problème peuvent voir de l'indignation dans un visage sincèrement impartial et avoir une réponse plus fondée aux mots ayant des implications pessimistes que les individus qui ne souffrent pas de ce trouble.

Les quelques types de déclencheurs qui sont extrêmement basiques dans le BPD ;

Déclencheurs de relations

Les déclencheurs les plus connus du BPD sont les déclencheurs relationnels ou les troubles relationnels. De nombreuses personnes atteintes de BPD éprouvent une peur et une indignation extraordinaires, une conduite imprudente, une blessure de soi et même des pensées suicidaires lors d'occasions relationnelles qui leur donnent le sentiment d'être rejetées, censurées ou abandonnées. Il s'agit d'un phénomène appelé affectabilité de désertion ou de rejet.

Par exemple, vous pouvez vous sentir activé lorsque vous laissez un message à un compagnon et que vous ne recevez pas de réponse. Peut-être qu'après avoir passé l'appel, vous attendez quelques heures, puis vous commencez à avoir des pensées du genre "Elle ne répond pas, elle devrait être désemparée". À partir de ce moment-là, ces réflexions peuvent se transformer en des choses comme "Elle me déteste vraisemblablement" ou "Je n'aurai jamais de compagne qui reste à proximité". Ces considérations en spirale entraînent des effets secondaires en spirale, par exemple des sentiments exceptionnels, de l'indignation et des désirs d'auto-mutilation.

Déclencheurs psychologiques

De temps en temps, vous pouvez être activé par des occasions intérieures, par exemple, des considérations qui peuvent apparemment quitter le bleu. Ceci est particulièrement valable pour les personnes qui ont un BPD identifié à des mésaventures horribles comme les abus de l'enfance.

Par exemple, le souvenir ou l'image d'une rencontre passée, semblable à une mésaventure ou à un malheur, peut déclencher des sentiments extraordinaires et d'autres effets secondaires du TPL. Il n'est pas nécessaire que le souvenir soit bouleversant pour déclencher des effets secondaires. Certaines personnes sont activées par le souvenir de bonnes occasions passées, ce qui peut parfois indiquer que les choses ne sont pas aussi acceptables aujourd'hui.

Conditions associées

Le BPD peut être difficile à analyser et à traiter, et un traitement efficace comprend la prise en charge de certaines autres affections dont peut souffrir une personne. De nombreuses personnes atteintes de BPD présentent également d'autres troubles, tels que :

Le BPD et d'autres problèmes de santé émotionnelle/mentale. Il est tout à fait normal de rencontrer d'autres problèmes de bien-être émotionnel à proximité du BPD, qui peuvent inclure : des tensions et des crises d'anxiété, des troubles dissociatifs, des psychoses, des troubles bipolaires.

Autre problème de personnalité

Troubles de l'humeur

Trouble de stress post-traumatique

Problèmes diététiques (notamment boulimie)

Dépression

Trouble bipolaire

Trouble de déficit de l'attention/hyperactivité (TDAH)

Troubles de la consommation de substances psychoactives/ double diagnostic

Trouble de stress post-traumatique (TSPT)

Suicide et automutilation

Les comportements autodestructeurs comprennent le suicide et les tentatives de suicide, tout comme les pratiques autodestructrices, décrites ci-dessous.

Pas moins de 80 % des personnes atteintes d'un trouble de la personnalité borderline ont des pratiques autodestructrices et environ 4 à 9 % en viennent à bout.

Le suicide est l'une des conséquences les plus terribles de toute instabilité psychologique. Quelques médicaments peuvent aider à réduire les pratiques autodestructrices chez les personnes souffrant d'un trouble de la personnalité borderline. Par exemple, une étude a démontré que la thérapie comportementale dialectique (TCD) diminuait les tentatives de suicide chez les femmes de manière significative par rapport à d'autres types de psychothérapie, ou traitement par la parole. La TCD a également diminué l'utilisation de la salle de crise et des prestations hospitalières et a maintenu plus de membres dans le traitement, contrairement à d'autres façons de traiter.

Contrairement aux tentatives de suicide, les comportements d'automutilation ne sont pas le fruit d'un désir ardent de se suicider. Dans tous les cas, certaines pratiques d'automutilation peuvent être dangereuses. Les pratiques d'automutilation liées au trouble de la personnalité limite comprennent le fait de se couper, de consommer, de frapper, de se frapper la tête, de s'arracher les cheveux et d'autres actes destructeurs. Les personnes souffrant d'un trouble de la personnalité borderline peuvent s'automutiler pour mieux gérer leurs sentiments, se rabaisser ou communiquer leur agonie. Elles ne considèrent généralement pas ces actes comme dangereux.

COMPORTEMENTS AUTODESTRUCTEURS

Le trouble de la personnalité borderline est lié à des taux plus élevés de suicide et de pratiques d'automutilation. Les patients souffrant d'un trouble de la personnalité borderline qui envisagent de se faire du mal ou de se suicider ont besoin d'une aide immédiate.

Le trouble de la personnalité borderline se produit fréquemment avec d'autres maladies psychologiques. Ces coïncidences peuvent rendre plus difficile l'analyse et le traitement du trouble de la personnalité borderline, en particulier si des indications de maladies différentes se superposent aux effets secondaires du trouble de la personnalité borderline. Par exemple, une personne souffrant d'un trouble de la personnalité borderline peut être amenée à rencontrer également des manifestations d'un mal-être important, d'une confusion bipolaire, d'un problème de tension, d'un abus de substances ou de problèmes alimentaires.

BPD ET BIPOLAIRE ;

Le trouble de la personnalité limite n'est pas aussi basique que la bipolarité, 20% des affirmations de cliniques médicales pour inadaptation psychologique sont déterminées comme ayant ce problème, alors que 50% des hospitalisations pour comportement dysfonctionnel sont des patients bipolaires. Les jeunes femmes sont de plus en plus connues pour créer un trouble de la personnalité limite, tandis que la bipolarité influence les deux personnes de la même manière, sans tenir compte de l'âge.

Les épisodes émotionnels, par exemple, la tension, l'abattement et les poussées sauvages sont connus des deux patients atteints de trouble de la personnalité borderline et de ceux atteints de bipolarité. Chez les patients bipolaires, ces effets secondaires peuvent durer des semaines ou des mois dans un cycle, alors que dans le cas du trouble de la personnalité borderline, ils peuvent ne durer que quelques heures ou un jour.

Avec le trouble de la personnalité limite, un patient peut arriver à des périodes où il n'a pas la moindre idée de ses préférences, de qui il est en tant qu'individu ou de ses propres inclinations. Leurs objectifs à long terme peuvent changer fréquemment, et tenter d'adhérer à une action devient problématique. Ils poursuivent sans vraiment réfléchir en se gavant, en faisant des excès de shopping et peuvent apprécier les contacts sexuels avec des personnes extérieures. La folie est également présente chez les patients bipolaires.

Les patients atteints du trouble de la personnalité borderline ressentent également de la vacuité, le sentiment d'être mal interprété ou maltraité et l'inutilité ; un peu comme les indications ressenties dans la misère des patients atteints de bipolarité.

En ce qui concerne les liens, un patient souffrant de trouble de la personnalité borderline aura des limites à être complètement éprise ou à mépriser quelqu'un avec enthousiasme. Brièvement, il sera amoureux, puis un peu d'agacement ou de lutte le fera détester cet individu en une fraction de seconde. S'il redoute d'être abandonné, le patient se décourage, se sent rejeté et peut envisager le suicide. Les patients bipolaires ont également ces problèmes en ce qui concerne les relations.

Les médicaments pour ces deux problèmes sont également comparables. Un spécialiste recommandera à la fois le médicament et le traitement, la décision à privilégier. La thérapie cognitivo-comportementale a été initialement mise au point pour les patients souffrant de trouble de la personnalité borderline, mais elle a été jugée fructueuse pour les patients bipolaires. Il existe différentes prescriptions pour les deux instabilités psychologiques, qui ont donné des résultats acceptables.

Il y a peu de réflexion sur les deux maladies qui sont censées être soit héréditaires, soit dues à la terre. Les recherches montrent que l'idée de la bipolarité est progressivement naturelle et génétique, alors que le trouble de la personnalité limite est davantage lié à l'évolution de la terre et des circonstances.

Ces similitudes montrent que les deux maladies sont difficiles à reconnaître et à analyser, y compris pour les spécialistes et les cliniciens. Toute personne qui éprouve ces effets secondaires doit bénéficier d'un accompagnement clinique ou compétent pour tirer la bonne conclusion et suivre le bon traitement. L'autodétermination n'est pas l'approche la plus idéale pour traiter vos manifestations, en particulier dans le cas du trouble bipolaire et du trouble de la personnalité borderline. Un spécialiste ou un analyste est la personne la mieux placée pour vous encourager à suivre un traitement efficace et vous donner la possibilité la plus évidente de traiter votre maladie psychologique pour un avenir meilleur.

Aimer une personne atteinte de BPD ;

Nous devons étudier les effets secondaires importants du trouble de la personnalité limite (TPL) :

Ils ont des liens violents et orageux, ce qui rend difficile le maintien d'un travail ou d'une relation intime.

Ils ont visité des bouleversements enthousiastes, communiquant fréquemment leur choc par des attaques tapageuses, des agressions physiques ou des manifestations de représailles.

Bien qu'ils soient très sensibles au fait d'être cédés et rejetés, ils sont brutalement méprisants envers leurs proches.

Ils voient les autres comme "géniaux" ou "horribles". Un compagnon, un parent ou un spécialiste peut être romantisé un jour, mais considéré le lendemain comme un individu horrible pour n'avoir pas su répondre à leurs espoirs.

Ils peuvent continuer à agir de façon imprudente (par exemple, en conduisant de façon sauvage, en faisant des achats habituels, en volant à l'étalage, en se coupant, en se gavant de nourriture, d'alcool, de drogues ou en ayant des relations sexuelles sans discernement) afin de lutter contre des sentiments de vacuité intolérables.

Les personnages borderline vont de la douceur à l'extrême. Ce sont généralement les personnes qui connaissent personnellement les borderlines qui connaissent le degré de leurs difficultés enthousiastes.

Alors, comment aimer une personne atteinte d'un trouble de la personnalité borderline de manière à la respecter et à vous respecter vous-même ? Généralement, cela commence par la reconnaissance de la réalité du TPL, la préparation de soi dans la relation et l'arrêt de l'élément sauveteur-sauveté. Il est essentiel de se rappeler, néanmoins, que vous ne pouvez pas récupérer le TPL de votre bien-aimé(e). Il est plutôt fondamental de promettre un traitement de premier ordre.

Adorer une personne souffrant de trouble de la personnalité borderline n'est pas simple. Voir votre bien-aimé se battre avec une profonde perturbation intérieure, organiser un sentiment de personnalité fluctuant, et rencontrer une telle crudité de sentiment peut être angoissant. Régulièrement, même les communications ordinaires peuvent être alourdies par des dangers potentiels. L'instabilité enthousiaste inhérente à la maladie peut vous rendre confus, ne sachant jamais où vous en êtes ni ce qui va se passer. En effet, même dans des moments sereins, vous pouvez ressentir une tension cachée, vous demandant quand l'autre chaussure va tomber. Va-t-elle mal interpréter mon ton ? Va-t-il accepter cela comme une indication de licenciement ? La journée sera-t-elle une bataille ?

Que vous soyez un parent, un compagnon ou un complice d'une personne atteinte du trouble de la personnalité borderline, maintenir une relation solide peut être éprouvant. En effet, il peut y avoir des minutes où vous vous demandez si vous avez besoin de maintenir une relation. Afin d'encourager un lien solide, il est essentiel de savoir comment chérir une personne souffrant d'un trouble de la personnalité limite de manière à ce qu'elle vous soutienne tous les deux.

Reconnaître la réalité du trouble borderline

Les personnes atteintes d'un trouble de la personnalité borderline (TPL) ne se contentent pas d'être gênantes. Elles ne cherchent pas à vous faire du mal par vengeance. Les effets secondaires du trouble de la personnalité borderline émergent d'une profonde douleur mentale aggravée par une absence d'atouts passionnels pour s'adapter à des sentiments accablants. De temps à autre, les fondements sous-jacents de cette misère se situent dans des rencontres précoces avec des blessures, qui perturbent la capacité à établir des liens sûrs et un fort sentiment de soi. Cependant, le BPD n'est pas toujours établi à partir d'une blessure ; le BPD peut émerger sans histoire de départ reconnaissable. Il est essentiel de se rappeler que, qu'il y ait ou non une blessure, les sentiments que votre proche éprouve sont authentiques pour lui, même s'ils vous semblent insensés.

Il est évident que le fait d'avoir une relation avec quelqu'un qui a des sentiments qui n'ont pas leur place dans votre propre monde peut être extrêmement gênant. Vous pouvez avoir l'impression que vous parlez à votre bien-aimé(e), ou que vos paroles et vos actes ne correspondent pas à vos attentes. En réalité, c'est ce qui se passe. Pour avoir une relation solide, vous devez trouver comment vous adapter à cette distinction entre les facteurs réels. L'approche la plus idéale pour ce faire n'est pas d'essayer de le persuader qu'il est dans l'erreur ; en effet, en agissant ainsi, il se sentira probablement agressé et réagira en vous repoussant. Essayez plutôt d'approuver leurs émotions et de reconnaître la réalité de leurs rencontres.

L'approbation est une fixation du centre pour adorer une personne souffrant de trouble de la personnalité borderline. En quoi cela consiste-t-il précisément ? Par exemple, si la personne que vous aimez est vexée parce qu'elle pense que vous l'écartez, dites : "Je vois que tu te sens blessé parce que tu penses que je t'écarte, cela doit être horrible." Cela demande de la tolérance et du sang-froid ; il peut être difficile de ne pas intervenir et de ne pas tenter de persuader la personne que vous ne l'avez pas rejetée. Cependant, comprenez qu'ils viennent de le vivre comme un rejet, sans tenir compte de vos attentes. Pour ainsi dire, ils sont en train de se lamenter sur un malheur qui leur semble tout aussi authentique que si vous les aviez sans aucun doute congédiés. En leur permettant de ressentir leurs émotions et en prenant position sur leur agonie sans jugement, vous leur donnez de l'amour tout en évitant un conflit inutile.

En même temps, n'attribuez pas la totalité des sentiments de votre bien-aimé(e) à un trouble de la personnalité limite. Avoir un trouble de la personnalité limite n'implique pas que quelqu'un ne peut pas avoir de plaintes authentiques ou que ses sentiments sont constamment déterminés par la rupture. Reconnaissez toute l'humanité de votre bien-aimé(e), pensez à ce qu'il(elle) vous fait savoir et reconnaissez vos erreurs si vous en faites.

Préparez-vous

Souvent, la personne atteinte du trouble de la personnalité limite peut devenir le point de convergence d'une relation et il peut sembler qu'il reste peu de place pour vous. Assurez-vous d'être un membre actif de votre relation. Exprimez vos propres sentiments, besoins et réflexions. Faites part de vos récits, de vos batailles et de vos plaisirs ; tout bien considéré, même si votre bien-aimé(e) est atteint(e) du trouble borderline, il ou elle vous aime, vous apprécie et a besoin de vous connaître. Une relation légitime peut éventuellement se produire lorsque les deux membres s'ajoutent pour créer un lien social significatif. Donnez-vous une chance, à vous et à votre bien-aimé.

En même temps, n'hésitez pas à définir des limites et à les faire connaître calmement et clairement. Les limites peuvent d'abord être perçues comme un signe de rejet et déclencher la peur de l'abandon chez l'être cher, mais elles sont essentielles pour garantir la solidité de votre relation et vous donner les deux règles de ce qui est correct et de ce qui ne l'est pas. Ne vous étonnez pas si l'être cher teste vos limites dans le but de se consoler de votre affection ; c'est typique et c'est motivé par des peurs profondément ressenties. Néanmoins, après un certain temps, il y a de fortes chances que votre chéri comprenne que les limites et l'amour peuvent exister ensemble et que le fait d'avoir des limites ne signifie pas que vous les avez abandonnées.

Arrêtez de secourir

Dans l'esprit créatif bien connu, les individus souffrant d'un trouble de la personnalité borderline peuvent ici et là être considérés comme des animaux délicats qui ne peuvent pas s'amuser. "L'interprétation erronée est que les borderlines sont des individus non fonctionnels, or les borderlines seront en général des individus exceptionnellement astucieux, érudits. "Une grande partie du temps, ils sont en réalité extrêmement avancés." Malheureusement, même les individus rusés peuvent tomber dans des éléments de sauveteur-sauveteur lorsque le trouble de la personnalité borderline entre en scène.

L'absence de défense passionnée des personnes atteintes de BPD peut faire qu'il est facile d'accepter qu'elles ont besoin d'être sauvées, en particulier dans les moments d'urgence de la scie. Vous pouvez vous lancer dans ce travail par affection, par crainte, ou les deux. Ainsi, la personne que vous aimez peut en venir à vous considérer comme un gage de votre affection, ce qui lui permet de contrôler sa peur d'être abandonnée tout en se soumettant de plus en plus à vous. Entre-temps, il se peut que vous commenciez à tirer de votre rôle de sauveteur un sentiment de personnalité et de valeur ; il peut être agréable d'être requis.

Cette dynamique, bien qu'elle puisse sembler s'améliorer pendant un certain temps, est finalement ruineuse pour vous deux, dans une certaine mesure parce que le fait d'obtenir votre approbation, votre valeur et des preuves d'affection en sauvant ou en étant protégé implique qu'il doit toujours y avoir quelque chose à sauver. En ce moment, cette chose est le trouble de la personnalité borderline. Quand la symptomatologie d'une maladie devient le lieu où l'amour est communiqué et obtenu, il y a peu d'inspiration pour récupérer. En fait, à l'heure actuelle, la guérison elle-même peut apparaître comme un danger ; imaginez un scénario dans lequel votre bien-aimé(e) n'a plus besoin de s'occuper de vous.

Combattez la tentation de la sauvegarde pour éviter de tomber dans des schémas relationnels néfastes qui peuvent perturber la récupération, alimenter le manque de défense et conduire à la haine des deux parties. Percevez les capacités de votre proche et aidez-le à comprendre son propre potentiel au lieu d'assumer ses difficultés à sa place. Dites-lui que vous le soutenez et que vous avez confiance en lui. Aidez-le à trouver le moyen d'être progressivement indépendant, et non pas moins.

Soutenir un traitement de haute qualité

Un élément fondamental de l'adoration d'une personne atteinte d'un trouble de la personnalité borderline est de comprendre que vous ne pouvez pas la réparer. Vous pouvez avoir une relation de proximité, d'adoration et d'importance avec elle et lui offrir une aide inestimable, mais vous ne pouvez pas guérir sa maladie. Ce que vous pouvez faire, c'est l'aider à s'orienter vers de bons choix de traitement.

Alors qu'il était autrefois admis que le trouble de la personnalité borderline était inaliénablement incurable, nous nous rendons compte aujourd'hui que c'est généralement faux. Aujourd'hui, des cliniciens talentueux utilisent un éventail de modalités de remédiation, y compris la TCD et les traitements centrés sur les blessures, pour aider les clients à trouver une aide durable contre les effets secondaires du TPL et à rétablir une concordance enthousiaste et sociale. Souvent, les programmes de traitement privés sont le meilleur choix pour les personnes qui luttent contre le TPL, car ils leur permettent de s'intéresser à un large éventail de traitements adaptés à leurs besoins exceptionnels. De plus, le cadre privé favorise l'établissement rapide d'une confiance dans les coalitions réparatrices qui sont si fondamentales dans le traitement du TPL. Entouré de cliniciens et d'accompagnateurs sympathiques, votre proche peut acquérir d'importantes aptitudes d'adaptation et les mettre en pratique dans un environnement protégé et stable.

Il est évident qu'un élément fondamental de la guérison du trouble de la personnalité borderline consiste à établir des associations relationnelles plus fondées et de plus en plus stables avec les amis et la famille. Les grands programmes de traitement privés proposent des traitements pour les familles et les couples afin de vous guider, vous et votre proche, dans un processus de récupération mutuelle. Avec l'aide de cliniciens expérimentés, vous pouvez étudier la manière dont vous pouvez soutenir votre proche, distinguer les éléments malheureux de la relation et établir une base solide pour aller de l'avant. Ensemble, vous pouvez créer un lien plus profond et une relation plus bénéfique et plus satisfaisante.

Comment les autres peuvent-ils aider un compagnon ou un parent atteint de BPD ;

La première et la plus importante chose que vous puissiez faire est d'aider votre compagnon ou votre parent à obtenir le bon diagnostic et le bon traitement. Vous devrez peut-être prendre un arrangement et accompagner votre compagnon ou votre parent chez le spécialiste.

Incitez la personne en question à poursuivre son traitement ou à chercher un autre traitement si les caractéristiques du trouble ne semblent pas s'améliorer avec le traitement actuel.

S'il s'avère qu'une personne qui vous est chère est atteinte de BPD, vous pouvez parfois penser qu'il est difficile de comprendre ses sentiments ou son comportement, ou de savoir comment l'aider. Quoi qu'il en soit, il existe une foule de choses positives que vous pouvez faire pour l'aider :

Essayez de faire preuve de retenue. S'il est possible que votre proche ait du mal à gérer ses sentiments, essayez de ne pas vous engager dans une dispute qui semble sortir de nulle part. Il pourrait être plus judicieux de patienter jusqu'à ce que vous vous sentiez tous les deux plus calmes pour parler des choses.

Essayez de ne pas porter de jugement sur eux. Essayez de les écouter sans leur dire qu'ils vont trop loin ou qu'ils ne devraient pas se sentir comme ils le font. Que vous compreniez ou non pourquoi ils se sentent ainsi, et que vous pensiez ou non que c'est raisonnable, c'est toujours ce qu'ils ressentent et il est impératif de le reconnaître.

Soyez calme et fiable. Dans le cas où votre bien-aimé(e) rencontre une tonne de sentiments accablants, cela pourrait l'aider à avoir un sentiment de sécurité et de maintien et l'aidera dans les moments de conflit.

Aidez-le à se souvenir de toutes ses caractéristiques positives. Lorsqu'une personne qui vous est chère pense qu'il est difficile d'avoir une bonne opinion d'elle-même, il est généralement réconfortant d'entendre toutes les choses positives que vous trouvez en elle.

Essayez de définir des limites et des désirs clairs. Si l'être cher n'est pas certain d'être écarté ou abandonné, ou s'il semble stressé de ne pas être respecté, il peut être utile de vous assurer que vous savez tous les deux ce que vous pouvez attendre l'un de l'autre.

Planifiez à l'avance. Lorsque la personne que vous soutenez se sent admirablement bien, demandez-lui comment vous pouvez lui permettre de mieux se porter lorsque les choses se compliquent.

Familiarisez-vous avec ses déclencheurs. Discutez avec votre proche et essayez de découvrir quels types de circonstances ou de discussions peuvent déclencher des considérations et des sentiments négatifs.

Familiarisez-vous avec le BPD et aidez-nous à lutter contre la disgrâce. Le BPD est une conclusion confuse, et votre bien-aimé peut de temps en temps avoir besoin de gérer les jugements erronés des autres en essayant de traiter son problème de bien-être émotionnel.

Offrez une aide enthousiaste, de l'écoute, de la tolérance et de la consolation - le changement peut être difficile et surprenant pour les personnes ayant un problème de personnalité borderline, mais il est possible qu'elles montrent des signes d'amélioration après un certain temps.

Renseignez-vous sur les troubles mentaux, y compris le trouble de la personnalité limite, afin de pouvoir comprendre ce que votre compagnon ou votre parent rencontre.

Avec le consentement de votre compagnon ou de votre parent, parlez avec son thérapeute pour vous renseigner sur les traitements qui peuvent inclure des proches, par exemple, la TCD-FST.

Ne négligez jamais les remarques concernant l'objectif ou le projet de quelqu'un de se faire du mal ou d'en faire à une autre personne. Signalez ces remarques au spécialiste de la personne concernée. Dans des circonstances graves ou potentiellement dangereuses, vous devrez peut-être appeler la police.

Voici quelques recommandations :

Soyez cohérent et prévisible

Quoi que vous ayez dit à votre bien-aimé que vous ferez (ou ne ferez pas), tenez votre affirmation. Si vous êtes le bénéficiaire d'un bouleversement d'allégations ou d'une urgence larmoyante, ce ne sera pas simple. Néanmoins, dans le cas où vous vous rendez au choc, la conduite limite est fortifiée. En outre, si vous pensez que vos problèmes sont terribles maintenant, faites une pause !

Dynamiser la responsabilité

Essayez de ne pas devenir le sauveteur de votre cher disparu. Essayez de ne pas être obligé d'assumer la responsabilité de ses activités imprudentes. S'il écrase le véhicule, ne le remplacez pas. Au cas où elle accumulerait les dettes de Visa, ne la sauvez pas. Si vous continuez à la protéger des conséquences de ses actes, elle n'aura aucune raison de changer.

Offrez des commentaires honnêtes

Essayez de ne pas renforcer la conviction de votre bien-aimé qu'il a été traité de manière déraisonnable, sauf si vous pensez vraiment que c'est valable. Les personnes atteintes de BPD ignorent en général l'impact de leur comportement sur les autres. Par conséquent, offrez une contribution authentique. Dites : "Je comprends que l'on se sente gâté lorsqu'on est licencié", mais ne partagez pas son opinion selon laquelle tout cela est le résultat direct de ces personnes terribles et méchantes pour lesquelles il travaillait.

Essayez de ne pas aggraver la dispute

Votre bien-aimé peut confondre ce que vous voulez dire. Offrez une analyse précieuse et on vous dira à quel point vous êtes mauvais. Offrez un éloge et on vous reproche d'être désobligeant. Clarifiez vos objectifs et les sentiments s'élèvent. Essayez de ne pas vous laisser entraîner dans une vaine dispute. Faites un effort courageux pour garder votre sang-froid et votre stabilité mentale malgré le fait que vous vous sentiez déconcerté, fragile et vaincu par la conduite de la personne que vous aimez.

Conseils d'auto-assistance

Conseil 1 : apprenez à contrôler l'impulsivité et à supporter les problèmes

Les systèmes d'apaisement évoqués ci-dessus peuvent vous permettre de vous détendre lorsque la pression commence à vous anéantir. Quoi qu'il en soit, que faites-vous lorsque vous vous sentez accablé par des sentiments gênants ? C'est là qu'intervient l'impulsivité du trouble de la personnalité limite (TPL). Sans y réfléchir, vous avez tellement besoin d'aide que vous êtes prêt à faire n'importe quoi, y compris des choses que vous vous rendez compte que vous ne devriez pas faire, par exemple, vous couper, avoir des relations sexuelles inconsidérées, conduire dangereusement et boire de l'alcool. Vous pouvez même avoir l'impression de ne pas avoir de décision à prendre.

Il est essentiel de percevoir que ces pratiques imprudentes répondent à un besoin. Ce sont des moyens de gérer le stress pour gérer les problèmes. Elles vous permettent de vous sentir mieux, même si ce n'est que pour une courte minute. Cependant, les coûts à long terme sont étonnamment élevés.

Pour reprendre le contrôle de sa conduite, il faut d'abord apprendre à supporter les difficultés. C'est le moyen de changer les exemples dangereux du BPD. La capacité à endurer la douleur vous aidera à vous arrêter lorsque vous aurez envie de continuer. Plutôt que de répondre aux sentiments gênants par des pratiques inutiles, vous découvrirez comment les braver tout en restant maître de l'expérience.

Adaptez également comment :

Discutez avec votre médecin traitant des choix de traitement et respectez le traitement.

Essayez de respecter un horaire régulier pour les dîners et les périodes de repos.

Faites des mouvements ou des exercices doux pour aider à diminuer la pression.

Fixez-vous des objectifs raisonnables

Séparez les grosses courses en petites, fixez quelques besoins et faites ce que vous pouvez, comme vous le pouvez.

Tenter d'investir de l'énergie avec d'autres personnes et faire confiance à un compagnon ou à un parent en confiance.

Éclairer les autres sur les occasions ou les circonstances qui peuvent déclencher des manifestations.

Anticipez le fait que vos manifestations devraient s'améliorer progressivement, et non pas immédiatement.

Reconnaître et rechercher des circonstances, des lieux et des personnes consolantes.

Lorsque la réaction de combat ou de fuite est activée, il est absolument impossible de " penser que vous êtes tranquille ". Plutôt que de vous concentrer sur vos considérations, concentrez-vous sur ce que vous ressentez dans votre corps. L'exercice d'établissement ci-joint est une approche simple et rapide pour ralentir l'impulsivité, se calmer et reprendre le contrôle. Il peut avoir un effet important en seulement quelques brèves minutes.

Trouvez un endroit paisible et asseyez-vous dans une position agréable.

Concentrez-vous sur ce que vous rencontrez dans votre corps. Sentez la surface sur laquelle vous êtes perché. Sentez vos pieds sur le sol. Sentez vos mains sur vos genoux.

Concentrez-vous sur votre respiration, en prenant des respirations modérées et complètes. Inspirez progressivement. Retardez pendant un contrôle de trois. À ce moment-là, expirez progressivement, en prenant à nouveau un délai de trois minutes. Continuez ainsi pendant quelques minutes.

En cas de crise, détournez-vous

Si vos efforts pour vous calmer ne fonctionnent pas et que vous commencez à vous sentir envahi par des désirs dangereux, vous pouvez vous distraire. Tout ce dont vous avez besoin, c'est de quelque chose qui attire votre attention suffisamment longtemps pour que la motivation négative s'en aille. Tout ce qui attire votre attention peut fonctionner, mais l'interruption est meilleure lorsque le mouvement est en plus apaisant. En plus des procédures tactiles déjà mentionnées, voici quelques idées que vous pouvez essayer :

Asseyez-vous devant la télévision. Choisissez quelque chose qui va à l'encontre de ce que vous ressentez : une satire, au cas où vous vous sentez morose, ou quelque chose de relaxant au cas où vous êtes furieux ou perturbé.

Accomplissez quelque chose que vous appréciez et qui vous occupe. Cela peut être n'importe quoi : planter, peindre, jouer d'un instrument, coudre, lire un livre, jouer à un jeu vidéo ou faire un Sudoku ou un puzzle.

Consacrez-vous entièrement au travail. De même, vous pouvez vous distraire en accomplissant des tâches et des missions : nettoyer votre maison, accomplir des travaux de jardinage, aller faire des courses pour la nourriture, préparer votre animal de compagnie, ou faire les vêtements.

Soyez dynamique. L'exercice physique est une bonne méthode pour faire monter l'adrénaline et évacuer la pression. Si vous vous sentez concentré, vous devrez peut-être essayer de faire des exercices de détente supplémentaires, par exemple du yoga ou une promenade dans votre quartier.

Appelez un compagnon. Parler avec quelqu'un en qui vous avez confiance peut être une approche rapide et profondément viable pour vous divertir, vous sentir mieux et augmenter votre point de vue.

Conseil d'amélioration personnelle 2 : Calmer la tempête passionnelle

En tant que personne souffrant de BPD, vous avez très probablement investi beaucoup d'énergie à lutter contre vos forces motrices et vos sentiments, aussi la reconnaissance peut-elle être une chose intense à comprendre. Quoi qu'il en soit, tolérer vos sentiments ne signifie pas les favoriser ou s'abandonner au tourment. Tout ce que cela implique, c'est que vous cessez d'essayer de combattre, d'éviter, d'étouffer ou de nier ce que vous ressentez. En vous autorisant à éprouver ces sentiments, vous leur enlevez une grande partie de leur capacité.

Essayez de vivre simplement vos sentiments sans jugement ni analyse. Renoncez au passé et à l'avenir et concentrez-vous uniquement sur la minute présente. Les systèmes de soins peuvent être puissants en ce moment.

Commencez par observer vos sentiments, comme si tout allait bien.

Concentrez-vous sur les vibrations physiques qui accompagnent vos sentiments.

Déclarez à vous-même que vous reconnaissez ce que vous ressentez à l'heure actuelle.

Dites-vous que ce n'est pas parce que vous ressentez quelque chose que cette chose existe.

Accomplissez quelque chose qui revigore au moins une de vos facultés.

Les sentiments négatifs sont inévitables lorsque vous êtes épuisé et sous pression. C'est pourquoi il est impératif de s'occuper de votre prospérité physique et mentale.

Par conséquent, évitez les médicaments qui modifient l'état d'esprit, adoptez une alimentation saine et équilibrée, reposez-vous suffisamment, entraînez-vous régulièrement, limitez la pression, répétez les méthodes de relaxation, etc.

Se connecter à ses sens est l'une des approches les plus rapides et les plus simples pour se soulager rapidement. Vous devez examiner pour découvrir quelle incitation tactile fonctionne le mieux pour vous. De même, vous aurez besoin de différentes techniques pour différents états d'esprit. Ce qui peut vous aider lorsque vous êtes furieux ou fomenté est tout à fait différent de ce qui peut vous aider lorsque vous êtes engourdi ou découragé. Voici quelques plans pour commencer :

Contact. Si vous ne vous sentez pas assez bien, faites couler de l'eau froide ou chaude sur vos mains, tenez un morceau de glace ou saisissez un objet ou le bord d'un objet ménager aussi fermement que possible. Si vous vous sentez trop fort et avez besoin de vous calmer, essayez de faire le ménage ou de prendre une douche, de vous blottir sous les couvertures du lit ou de faire un câlin à un animal de compagnie.

Le goût. Si vous vous sentez dépourvu et engourdi, essayez de sucer des bonbons à la menthe ou des confiseries solides, ou mangez progressivement quelque chose ayant une saveur exceptionnelle, par exemple des chips au sel et au vinaigre. Dans le cas où vous avez besoin de vous calmer, essayez de manger quelque chose d'atténuant, par exemple du thé chaud ou de la soupe.

Sentez. Allumez une flamme, sentez les fleurs, tentez une guérison par le parfum, vaporisez votre arôme préféré, ou préparez quelque chose dans la cuisine qui sent bon. Vous constaterez peut-être que vous réagissez mieux aux parfums solides, par exemple les agrumes, les arômes et l'encens.

La vue. Concentrez-vous sur une image qui attire votre attention. Il peut s'agir de quelque chose dans votre état d'esprit (une vue incroyable, une belle floraison, une création artistique ou une photographie que vous aimez le plus) ou de quelque chose dans votre esprit créatif que vous imaginez.

Le son. Essayez d'écouter de la musique enjouée, de faire sonner une sonnerie ou de donner un coup de sifflet lorsque vous avez besoin d'un choc. Pour vous calmer, mettez de la musique apaisante ou écoutez les sons apaisants de la nature, par exemple le vent, les animaux ailés ou la mer. Une machine à sons fonctionne admirablement bien si vous ne pouvez pas entendre le vrai son.

Conseil n° 3 : améliorez vos capacités relationnelles

Si vous souffrez d'un trouble de la personnalité limite, vous avez probablement eu du mal à trouver des associations stables et satisfaisantes avec vos chéris, vos collaborateurs et vos compagnons. Cela est dû au fait que vous avez du mal à prendre du recul et à voir les choses du point de vue des autres. En général, vous interprétez mal les contemplations et les sentiments des autres, vous vous méprenez sur la façon dont les autres vous voient et vous négligez la façon dont ils sont influencés par votre comportement. Ce n'est pas tant que vous ne vous souciez pas des autres, mais en ce qui concerne les autres, vous avez un côté vulnérable important. Percevoir votre côté vulnérable relationnel est l'étape initiale. Une fois que vous aurez cessé d'accuser les autres, vous pourrez commencer à trouver un moyen d'améliorer vos relations et vos aptitudes sociales.

Vérifiez vos présomptions

Lorsque vous êtes écrasé par la pression et l'antagonisme, comme semblent l'être régulièrement les personnes atteintes de BPD, il est tout sauf difficile de mal interpréter les attentes des autres. Si vous êtes conscient de cette propension, vérifiez vos présomptions. Plutôt que de sauter aux conclusions (généralement négatives), pensez à des inspirations électives. Par exemple, supposez que votre complice ait été soudain avec vous au téléphone et que maintenant vous vous sentiez incertain et appréhendiez qu'il ait perdu son enthousiasme pour vous. Avant de donner suite à ces émotions :

Arrêtez-vous pour réfléchir aux différentes perspectives. Il est possible que votre complice ressente la pression du travail. Il passe peut-être une journée pénible. Il n'a peut-être pas encore pris son expresso. Il existe de nombreuses explications possibles à son comportement.

Demandez à la personne d'expliquer ses objectifs. L'approche la moins difficile pour vérifier vos suppositions est probablement de demander à l'autre personne ce qu'elle pense ou ressent. Vérifiez ensuite ce qu'il sous-entend par ses mots ou ses activités. Plutôt que de demander de manière accusatrice, essayez une méthodologie plus douce : "Je ne peux pas avoir raison, mais j'ai l'impression que..." ou "Peut-être suis-je en général trop susceptible, mais j'ai l'impression que...".

Arrêt de la projection

Avez-vous tendance à faire passer vos sentiments contraires sur les autres ? Vous en prenez-vous aux autres lorsque vous vous sentez mal dans votre peau ? Les commentaires ou les analyses utiles vous donnent-ils l'impression d'une agression individuelle ? Si c'est le cas, vous avez peut-être un problème de projection.

Pour lutter contre la projection, vous devrez trouver comment freiner - tout comme vous l'avez fait pour vérifier vos pratiques irréfléchies. Vérifiez vos sentiments et les sensations physiques dans votre corps. Observez les signes de stress, par exemple un pouls rapide, une pression musculaire, une transpiration, un malaise ou un étourdissement. Au moment où vous vous sentez ainsi, vous allez probablement passer à l'attaque et dire quelque chose que vous regretterez plus tard. Attendez et prenez quelques respirations complètes et modérées. À ce moment-là, posez-vous les trois questions suivantes :

Suis-je contrarié par moi-même ? Suis-je gêné(e) ou ai-je de l'appréhension ? Suis-je stressé(e) à l'idée d'être livré(e) ?

Au cas où la réponse appropriée serait effectivement la suivante, faites une pause dans la discussion. Dites à l'autre personne que vous vous sentez passionné et que vous souhaitez avoir l'occasion de réfléchir avant de poursuivre la discussion.

Assumez la responsabilité de votre travail ;

Enfin, il est impératif d'assumer la responsabilité du rôle que vous jouez dans vos relations. Demandez-vous comment vos activités peuvent aggraver les problèmes. Comment vos paroles et vos pratiques provoquent-elles les sentiments de vos amis et de votre famille ? Peut-on dire que vous tombez dans le piège qui consiste à considérer l'individu à être comme étant soit tout à fait génial, soit tout à fait horrible ? En essayant d'imaginer le point de vue des autres, en supposant le meilleur d'eux et en diminuant votre réticence, vous commencerez à voir une distinction dans la nature de vos relations.

Analyse et traitement

Rappelez-vous que vous ne pouvez pas analyser le problème de personnalité borderline tout seul. Ainsi, si vous pensez que vous ou un ami ou un membre de votre famille pourrait être atteint du trouble borderline, il est idéal de chercher une assistance compétente. Le BPD est régulièrement confondu avec d'autres troubles ou les recouvre. Vous avez donc besoin d'un expert en bien-être émotionnel pour vous évaluer et faire une analyse précise. Essayez de trouver quelqu'un qui a de l'expérience dans le diagnostic et le traitement du trouble borderline.

L'importance de trouver le bon conseiller ;

L'aide et les conseils d'un spécialiste certifié peuvent avoir un effet considérable sur le traitement et la guérison du trouble borderline. Le traitement peut servir d'espace protégé où vous pouvez commencer à travailler sur vos problèmes relationnels et de confiance et "essayer" de nouvelles stratégies d'adaptation.

Un professionnel accompli sera à l'aise avec les traitements du BPD, par exemple, le traitement de la conduite persuasive (DBT) et le traitement centré sur le modèle. Cependant, bien que ces traitements aient démontré leur utilité, il n'est pas toujours important de suivre une approche thérapeutique particulière. De nombreux spécialistes admettent qu'un traitement hebdomadaire comprenant un enseignement sur la confusion, le soutien familial et la préparation aux aptitudes sociales et passionnelles peut traiter la plupart des cas de TPL.

Il est essentiel d'investir un peu pour découvrir un conseiller avec lequel vous vous sentez en sécurité - quelqu'un qui semble vous comprendre et qui vous fait sentir reconnu et compris. Prenez tout le temps nécessaire pour trouver la personne idéale. Quoi qu'il en soit, lorsque vous y parvenez, faites une promesse de traitement. Vous pouvez commencer à imaginer que votre spécialiste sera votre sauveur, pour ensuite être déçu et avoir l'impression qu'il n'a rien à offrir. Rappelez-vous que ces oscillations entre glorification et dénigrement sont un effet secondaire du trouble borderline. Essayez de tenir bon avec votre spécialiste et permettez à la relation de se développer. De plus, rappelez-vous que le changement, par sa nature même, est gênant. Si vous ne vous sentez jamais mal à l'aise pendant le traitement, il est probable que vous ne progressez pas.

Essayez de ne pas compter sur une solution miracle

Bien que de nombreuses personnes atteintes du TPL prennent des médicaments, la vérité est qu'il n'existe pratiquement aucune étude démontrant leur utilité. En outre, aux États-Unis, la Food and Drug Administration (FDA) n'a approuvé aucun médicament pour le traitement du TPL. Cela ne signifie pas que les médicaments sont rarement utiles - en particulier si vous subissez les effets néfastes de problèmes concomitants, comme la mélancolie ou la tension - mais ils ne sont en aucun cas un remède au BPD lui-même. En ce qui concerne le BPD, le traitement est nettement plus convaincant. Il faut simplement lui donner du temps. Quoi qu'il en soit, votre médecin de premier recours peut envisager une prescription si :

Il a été déterminé que vous souffrez à la fois de BPD et de découragement ou d'un problème bipolaire, que vous ressentez les effets néfastes de crises d'anxiété ou de nervosité grave, que vous commencez à fantasmer ou à avoir des contemplations étranges et névrotiques ou que vous vous sentez autodestructeur ou en danger de nuire à vous-même ou à autrui.

Où une personne pourrait-elle trouver de l'aide ?

Si vous ne savez pas où trouver de l'aide, demandez à votre spécialiste de la famille. D'autres personnes peuvent vous aider :

Les experts en bien-être émotionnel, par exemple les spécialistes, les thérapeutes, les travailleurs sociaux ou les conseillers en bien-être psychologique.

Associations de maintien du bien-être

Le réseau se concentre sur le bien-être émotionnel

Cliniques médicales, cabinets de psychiatrie et établissements de soins ambulatoires

Programmes de bien-être émotionnel dans les collèges ou les écoles cliniques

Centres ambulatoires des cliniques médicales de l'État

Prestations familiales, bureaux sociaux ou église

Les rassemblements de traversins d'accompagnement

Centres et bureaux privés

Programmes d'aide aux représentants

Les ordres sociaux cliniques et mentaux des quartiers.

Il peut être difficile de se lancer dans l'assistance. Il est impératif de comprendre que, malgré le fait que cela puisse demander un certain investissement, vous pouvez montrer des signes d'amélioration avec le traitement.

CONCLUSION

Le trouble de la personnalité limite (TPL) est un état caractérisé par des difficultés à gérer les sentiments. Les sentiments peuvent être imprévisibles et passer brusquement, notamment d'un romantisme enthousiaste à une contrariété dédaigneuse. Cela signifie que les personnes atteintes du trouble borderline ressentent des sentiments de manière forte et prolongée, et qu'il leur est plus difficile de revenir à une norme stable après une occasion d'activation sincère.

Elle peut être causée par une combinaison de facteurs tels que l'évolution du cerveau, l'évolution génétique, les facteurs environnementaux et les traumatismes de l'enfance, entre autres.

www.ingramcontent.com/pod-product-compliance
Lightning Source LLC
Chambersburg PA
CBHW060518030426
42337CB00015B/1935